2022 年度沈阳市哲学社会科学委托课题
《关于大力推进"品质养老"民生工程的研究》
课题编号 SYWT202203

2024 年辽宁省教育厅高校基本科研项目
《中国式现代化引领辽宁高质量发展研究》
项目编号 LJ222411632082

中国式现代化背景下大力推进"品质养老"民生工程研究

邱柳　孙强　著

辽宁人民出版社

© 邱柳　孙强　2024

图书在版编目（CIP）数据

中国式现代化背景下大力推进"品质养老"民生工程研究 / 邱柳，孙强著 . — 沈阳：辽宁人民出版社，2024.9

ISBN 978-7-205-11118-2

Ⅰ . ①中… Ⅱ . ①邱… ②孙… Ⅲ . ①养老—社会服务—研究—中国 Ⅳ.①D669.6

中国国家版本馆 CIP 数据核字（2024）第 082227 号

出版发行：辽宁人民出版社
　　　　　地址：沈阳市和平区十一纬路 25 号　邮编：110003
　　　　　电话：024-23284321（邮　购）　024-23284324（发行部）
　　　　　传真：024-23284191（发行部）　024-23284304（办公室）
　　　　　http://www.lnpph.com.cn
印　　刷：沈阳海世达印务有限公司
幅面尺寸：170mm×240mm
印　　张：12.5
字　　数：220 千字
出版时间：2024 年 9 月第 1 版
印刷时间：2024 年 9 月第 1 次印刷
责任编辑：张天恒　王晓筱
装帧设计：识途文化
责任校对：吴艳杰
书　　号：ISBN 978-7-205-11118-2
定　　价：68.00 元

前　言

党的二十大报告提出，以中国式现代化全面推进中华民族伟大复兴。增进民生福祉是中国式现代化新征程的重要内容，而养老服务则是增进民生福祉的重要内容。

随着我国经济社会的发展，老年人对养老服务的需求也发生了巨大的变化。在我国传统的理念和实践中，家庭是社会的基本单元，养老服务往往由家庭提供，子女养老成为天经地义的事情，素有"养儿防老"的说法。随着经济社会的发展，很多原本属于家庭的服务活动开始逐渐社会化，养老服务作为家庭服务活动的重心也开始社会化，特别是近些年，养老服务从单纯提供养老资金保障向全面保障发展。

沈阳是全国特大城市，是东北经济、政治、文化的中心，是"共和国长子"，同时也是全国著名的重工业基地。沈阳市拥有数量众多的产业工人，随着时间的推移，这些产业工人也到了退休年龄，这也使得沈阳市成为全国较早进入老龄化的城市，因此，沈阳市的社会养老服务需求大、压力大。基于此，沈阳市将养老服务作为民生发展的重要领域，加大养老服务投入力度、创新养老服务模式，实施沈阳市"品质养老"民生工程，惠及沈阳市老年人，解决老工业基地的养老问题。

为了更好地研究沈阳市养老服务的开展，为沈阳市养老服务建言献策，笔者针对沈阳市"品质养老"民生工程进行深入研究，并将研究成果撰写成为《中国式现代化背景下大力推进"品质养老"民生工程研究》一书，期待通过此书，介绍沈阳市"品质养老"民生工程，交流养老服务经验。

本书内容包括：养老服务的基本认识，我国养老服务的发展，促进中国式现代化进程中的养老服务，"品质养老"背景下沈阳市养老服务调查，"品质养老"背景下沈阳市养老服务的国外借鉴，沈阳市"品质养老"民生工程的实践探索。

本书是 2022 年度沈阳市哲学社会科学委托课题《关于大力推进"品质养老"民生工程的研究》（课题编号 SYWT202203）、2024 年辽宁省教育厅高校基本科研项目《中国式现代化引领辽宁高质量发展研究》（项目编号 LJ222411632082）研究成果。在研究和写作的过程中，参考了专家学者的研究成果，在此一并感谢。由于时间仓促，加之作者水平有限，不足之处在所难免，欢迎广大读者批评指正！

作者

2024 年 2 月 20 日

目　录

第一章

//

养老服务的基本认识

　　党的二十大报告提出，"实施积极应对人口老龄化国家战略，发展养老事业和养老产业，优化孤寡老人服务，推动实现全体老年人享有基本养老服务"。报告为新时代养老服务事业发展指明了前进方向、提供了根本遵循。2021 年 10 月习近平总书记对老龄工作作出重要指示强调，贯彻落实积极应对人口老龄化国家战略，让老年人共享改革发展成果安享幸福晚年。当前我国社会主要矛盾已经转化为人民日益增长的美好生活需要和不平衡不充分的发展之间的矛盾。对美好生活的向往不可能仅仅停留在年轻人一代，老年人更是有强烈的需求。养老是一种生活方式，也是一种生活态度。当前，老年群体发生了结构性改变，有钱、有闲、有意愿过上高品质养老生活的新生代老年人在逐渐增多。老年人的养老条件、养老观念和养老方式都在悄悄发生变化。养老服务开始成为重要的养老议题。

第一节　养老服务的内涵

养老服务是面向老年人开展的服务活动，是满足老年人基本生存要求、帮助老年人提升生活质量的服务措施。近年来，随着我国老龄化社会趋势愈加明显，养老也逐渐成为社会的热门话题。

一、人口老龄化的审视

人口老龄化是目前我国社会面临的重要课题。

（一）老年人的含义

老年人指的是人生命的最后阶段，这一概念最早是瑞典人口学家桑德巴在1900年提出的，当时按照人口再生产划分，将50岁定为老年人的划定标准。之后，人口学家、法国国立人口所所长皮撒，在1957年撰写的《人口老龄化及其社会经济后果》一文中将老年人年龄划定标准提升到了65岁。到1982年，为了适应不同国家的国情，发达国家一般使用65岁作为老年人年龄界限，发展中国家则以60岁作为老年人年龄界限。在我国，1994年《中华人民共和国老年人权益保障法》中将60周岁以上的公民称为老年人。

（二）老龄化社会

老龄化社会是根据人口类型划分的社会形态。

人口年龄结构也叫人口年龄构成，指一定时间、一定地区各年龄组人口在全体人口中的比重。不同年龄人口的组成从0岁组开始直到该地区或国家的某个最高年龄组结束，一般的年龄结构划分为少年儿童组（0~14岁）、成年组（15~64岁）、老年组（65岁及以上），各个年龄组的人口在其总人口中所占的比重就构成了人口年龄结构，国际上把人口按年龄结构划为三种类型，即年轻型、成年型、老年型。

在农业社会，受到生产力水平、科学技术水平、医疗技术水平限制，人口处于"高死亡率、高出生率、低自然增长率"阶段。直到工业革命到来，人类大力发展生产力改变了这一现状，生产力水平日益提高，物质生活逐渐丰富，科学技术和医疗水平的提高进一步使死亡率大幅下降，人口的预期寿命延长，人类社会开始出现老龄化现象，生产力和科学技术发展较快的西方国家已率先步入老龄化社会。所以说人口老龄化是经济社会发展的产物，是时代文明进步的标志。

人口老龄化是指总人口中因年轻人口数量减少、年长人口数量增加而导致的老年人口比例相应增长的动态过程。包括两个方面含义：一是指老年人口相对增多，在总人口中所占比例不断上升的过程；二是指社会人口结构呈现老年状态，进入老龄化社会。按照联合国的定义，当一个国家或地区 60 岁及以上老年人口占总人口比例超过 10%，或 65 岁及以上老年人口占总人口比例超过 7%，即意味着这个国家或地区处于老龄化社会。

二、养老的含义

"养老"是一个多词义的词汇，但核心集中在老年人生存生活上。

其一，一种古代的礼制。作为礼制的养老起源于原始社会末期，夏商两代继承之，但西周才在制度上臻于完善。《礼记·王制》："凡养老，有虞氏以燕礼，夏后氏以飨礼，殷人以食礼，周人修而兼用之。五十养于乡，六十养于国，七十养于学，达于诸侯。"这说明西周规定按年龄大小由地方或国家分别承担养老责任，在政策上，不仅中央要负责养老，地方也要负责养老。凡年满五十的则养于乡遂之学，年满六十的则养于国学中的小学，年满七十的则养于国学中的大学。这种养老制度，自天子以达诸侯，都是相同的。不过，一国的长老，由诸侯致养；若是天下的长老，则由天子致养。西周养老不仅鉴于老年人积累有丰富的知识经验，更出于宗法的等级社会的需要：按长幼之序，定尊卑之礼。正如《王制》所说:"养耆老以致孝。"《礼记·乡饮酒义》也说:"民知尊长养老而后能入孝弟;民入孝弟,出尊长养老,而后成教;成教而后国可安也。"这就是西周重视养老制度的根本原因。

其二,谓保摄调养以延缓衰老。《史记·龟策列传》:"江傍家人常畜龟饮食之,以为能导引致气,有益于助衰养老,岂不信哉!"

其三,年老闲居休养。唐宋璟《告老乞致仕表》:"归全之望,获在愚臣,养老之恩,成于圣代。"《东周列国志》第七回:"鲁侯掩耳曰:'汝非痴狂,安得出此乱言!吾已使人于菟裘筑下宫室,为养老计,不日当传位于轨矣。'"靳以《跟着老马转》:"到了退休的年龄,就请他回家养老。"

其四,奉养老年人。《周礼·地官·大司徒》:"以保息六养万民:一曰慈幼,二曰养老。"唐张说《让右丞相表》之二:"臣幸沐遗簪堕履之恩,好生养老之德,朝游简牍,暮对图书。"碧野《没有花的春天》第八章:"说亲的结果是阿虎的丈人丈母都由这家养老。"

对于养老服务来说,其中"养"是重点,"老"是核心。要根据老年人的具体需要,制定具体的"养"的服务项目。

三、养老服务的含义

具体来说,养老服务是在为老年人提供必需的保障基本生活服务之外,还能在一定程度上满足老年人的一些基本的物质和精神生活需求。物质需求主要包括医疗照护、日常生活必需品的购买等,精神生活需求主要是老年人心理上对亲人或者社会环境的一种情感性依赖等。伴随经济的进一步发展,发展养老服务,为老年群体的生活提供可靠的保障有着重要意义。

第二节　养老服务的特征

养老服务作为一种新的服务类型，是目前我国社会急需的服务活动。目前来看，养老服务呈现出了以下几个鲜明的特征。

一、系统性特征

养老服务具有系统化的特征。养老工作涉及面广、内容繁多，是一项系统性的工程，所以养老服务也具有系统性的特征。显然，养老服务的主体为老年人，在健全、科学的体系支撑下，养老服务要满足老年人老年生活所需要的生活、医疗、护理等方面的需求。因此，养老服务应当以老年人的情况为根本出发点，还应构建以老年人居家为基础、以社区养老为依托、以机构养老为补充的科学养老体系。只有建立系统的养老服务体系，才能使养老服务惠及更多的老年人，才能够满足不同老年人的不同需求。

二、个体性特征

养老服务具有个体化的特征。养老服务面对的是一个个具有不同情况的老年人。有的老年人身体不好，需要更多的康复医疗服务；有的老年人精神孤独，需要贴心的心灵慰藉。在这种情况下，养老服务要根据不同老年人的不同需求情况提供不同类型的服务。也就是说，在开展养老服务的时候，不可以千篇一律，要根据不同老年人的不同需求提供针对性服务。

三、公益化特征

养老服务具有公益化的特征。老年人属于弱势群体，需要社会上更多的关爱。因此，养老服务具有公益化特征。在这里，养老服务的公益化特征体现为两个方面：一方面，政府作为养老服务的采买主体，为管辖区内的老年人提供更多的服务，体现了政府在养老服务上的公益性特征；另一方面，应该由政府牵头，号召社会上更多的志愿者参与到养老服务中来，通过社区义工等活动，降低养老服务成本，惠及更多的老年人，也体现了养老服务社会公益化特征。

四、产业化特征

养老服务具有产业化的特征。虽然养老服务具有很强的公益化特征，但要满足更多老年人的养老服务需求，提升老年人养老服务质量，将养老服务产业化也是必不可少的环节。养老服务产业化目前来看有两点好处：一方面，将养老服务产业化，可以降低养老的财政压力，优化政府养老财政的使用效率，让政府有限的养老资源惠及更多的贫困人群，实现养老资源的有效配置；另一方面，将养老服务产业化，在提高部分老年人养老质量的同时，也有利于经济的发展。

五、互助化特征

养老服务具有互助化特征。近年来，在很多地区的养老服务中出现了互助化特征。也就是说，老年群体或老年社区中，通过老年人之间的互助，实现了从物质到精神的一系列服务。目前来看，互助性养老服务也是未来养老服务中值得探索的领域。

六、发展性特征

养老服务具有发展性的特征。养老服务不是一成不变的，而是在不断探索和发展中的。以往我们认为养老服务更多是物质上的，比如在吃喝方面对老年人进行照顾。随着养老服务的不断发展，人们发现，在老年人保健方面要提供更多的服务。随着养老服务的进一步发展，人们开始更加关注老年人的精神生活，在精神方面给予一定的慰藉。同时，在养老服务手段方面，随着现在科技的发展，互联网技术也逐渐进入了养老服务领域，智慧养老也成为新兴的养老方式和养老手段。

第三节　养老服务的要素

通常来说，实施养老服务要明确以下几点养老服务要素。

一、养老服务的主体

养老服务的主体作为养老服务的要素，解决的是谁来购买养老服务和实施养老服务的问题。目前来看，在购买养老服务方面，养老服务的主体一般有两个：一个是个人主体，即老年人或老年人的亲属子女，通过购买养老服务实现养老，这也是传统意义上养老服务的主体；另一个是政府，政府通过购买养老服务，帮助社会上的老年人进行养老，这也是我国社会福利的一种体现。在实施养老服务方面，目前来看主体呈多元化趋势。如传统意义上的居家养老，实施养老服务的一般是老年人的亲属子女。如社区养老，实施社区养老的主体一般是社区工作人员或者社区雇用的其他服务人员。如机构养老，机构养老一般是指专业的养老机构所提供的养老服务，其主体是养老院、敬老院等单位。此外，社会上的志愿者也可以作为养老服务的主体，但通常情况下，这个主体并不是持续性的。

二、养老服务的对象

养老服务的对象作为养老服务的要素，明确的是为谁服务的问题。一般来说，养老服务的服务对象是社会上的所有老年人。但由于情况不同，根据不同老年人的不同需求，养老服务在具体实施的时候也会有所不同。因此，具体来说，不同的养老服务所适用的对象是不一样的。比如针对身体虚弱的老年人来说，医疗保健方面的养老服务就是重点。比如针对缺乏关爱的老年人来说，精神慰藉的养老服务就是必需。因此，在确定养老服务对象的时候，不要一刀切，要根据具体情况具体分析。

三、养老服务的场所

养老服务的场所作为养老服务的要素，明确的是在哪儿服务的问题。一般来说，养老服务的场所主要有家庭和专业养老机构两种。家庭是养老服务的主要场所，在我国传统养老观念中，往往也强调居家养老的重要性。目前来看，如何解决居家养老问题，在家庭范围内给予养老活动足够的支持，争取将养老服务送上门，也是目前老龄工作的重点领域。专业养老机构是在社会发展过程中产生的重要的养老场所，目前来看，专业养老机构有公益性质的和营利性质的，其中营利性质的养老机构发展较快。对于对养老服务有较高要求并且具有支付条件的老年人来说，选择营利性质的养老机构，也是目前养老的一个优质选择。

四、养老服务的保障

养老服务的保障作为养老服务的要素，明确的是在哪儿服务的问题。目前来看，养老服务的保障可以分为以下几个方面：第一，养老服务的资金保障。目前来看，养老服务的资金来源一般来自个人支出和政府支付，对于没有条件支付养老服务资金的老年人来说，政府支付至关重要。第二，养老服务的物质保障。主要包括养老服务的设备、场所，养老服务的物质保障可以保证养老服务的基本品质。第三，养老服务的人力保障。这里的人力保障既要求有足够数量的从事养老服务的人员，也包括有较高的专业能力的养老服务人员。第四，养老服务的内容保障。主要包括养老服务要在物质上给予老年人足够的支持，也要在精神上给予老年人足够的呵护。

第四节　养老服务的类型

目前来看，根据养老服务的场所以及提供服务的内容，养老服务可以分为居家养老服务、社区养老服务和机构养老服务三种类型。其中，居家养老服务和社区养老服务在城市范围内有逐渐合并的趋势，即"居家－社区"养老服务或者叫社区居家养老服务，也可以简称为社区养老服务。

一、居家养老服务

居家养老服务的前身是家庭养老。在我国的传统养老观念和实践中，家庭养老是最常见的模式。民间常说的"养儿防老"就是家庭养老的真实写照。千百年来，我国社会的养老方式一直是老年人不离家的养老方式，即年迈的老人在家庭中，由此家庭成员照顾，进行家庭养老。

而这里说的居家养老服务，既是家庭养老的发展，也是区别于传统家庭养老的一种社会养老服务模式。所谓居家养老，是指老年人不需要离开住所，以社区为依托，在自己的家中可以享受社会所提供的养老服务的一种社会养老模式。2008 年 1 月，全国老龄委办公室、国家发改委等十部委联合发布的《关于全面推进居家养老服务工作的意见》中对居家养老服务给出了政策表述："居家养老服务是指政府和社会力量依托社区，为居家的老年人提供生活照料、家政服务、康复护理和精神慰藉等方面服务的一种服务形式。"从这一表述中可以看出，居家养老服务是政府和社会通过社区为居住在家中的老年人提供服务。与家庭养老不同，居家养老的老年人可以在家享受社会所提供的各类养老服务；与机构养老相比，居家养老可以满足老年人不离家的心理需求，更符合老年人的传统观念。

目前来看,居家养老有一定的优势。由于居家养老符合中国传统文化的思想,满足老年人不离家的养老需求,没有改变老年人多年生活环境、生活习惯以及人际交往的生活圈等,老年人在熟悉的环境中养老,精神上就不会容易感到孤独和寂寞。此外,居家养老也符合中国传统文化中尊老孝亲的思想和尊老为本、敬老为先的观念,老年人在家庭中颐养天年,能够满足老年人情感上的需求。

二、社区养老服务

社区养老服务是城市化发展的结果,是我国经济社会发展环境下产生的新的养老模式。我国社区养老服务从 20 世纪 80 年代后期开始发展至今只有短短 30 多年,虽然与西方发达国家相比发展仍算缓慢,但整体建设已初具规模。

社区养老服务是指老年人住在家里或长期生活的社区里,在得到家人照顾的同时,由社区的相关组织承担养老工作或托老服务的养老方式,由正规服务、社区志愿者及社会支持网络共同支撑,为有需要的老年人提供帮助,使他们能在熟悉的社区环境中维持自己的生活。社区养老是居家养老的重要依托,具有社区日间照料和居家养老两大功能。

社区养老服务是养老服务中一种非常重要的形式。对于我国这样一个人口大国来说,无论是传统意义上的家庭养老,还是专业机构养老,都很难提供足够的养老服务。社区养老服务以社区为依托,由正规服务、社区志愿者及社会支持网络共同支撑,将养老服务根植于社区,使更多的老年人能够在社区养老服务中受益。同时,社区养老服务也是所有养老服务中最具有可持续发展的服务形式。

三、机构养老服务

机构养老服务并不是养老服务的创新。事实上,机构养老服务是养老服务的一种传统模式。传统模式上的养老院、敬老院就是提供机构养老服务的场所。养老机构在很长一段时间内都成为社会上为老年人提供养老服务的重要主体。

对养老机构的概念，可以这样界定：养老机构是指为老年人提供集中居住、生活照料、康复护理、精神慰藉、文化娱乐等服务的老年人服务组织，其主要服务对象是失能、半失能老年人。从概念界定可看出，养老机构对老年人的服务是全方位的，提供从最基本的生活照料服务到需求层级较高的文化娱乐服务，能够满足不同老年人的多层次需求。尤为重要的是，养老机构能够弥补居家和社区养老的不足，多数失能、半失能老年人无法在家养老，养老机构可以满足此类老年人的照料和护理需求。

随着养老机构的发展，不难看出，目前的养老机构主要针对两类人群：一类是养老困难的人群，这类老年人一般无法在家庭中养老，需要获得更多的养老服务；另一类是希望能够通过购买的手段，获得更高质量养老服务的人群。

第五节　养老服务的价值

目前来看，养老服务作为一项惠民服务具有多重价值。明确养老服务的多重价值，对于养老服务的开展至关重要。

一、国家层面的价值

养老是重要的民生项目。众所周知，每一个人都会衰老，养老是每一个人都必须接纳的服务项目。因此养老服务也是重要的且必需的民生项目。对于任何一个国家来说，养老工作都是一个国家福利工作的重要内容，也是民生建设的关键所在。作为一个亿万人民都关心的内容，如何做好养老工作，考验着政府的执政能力。目前来看，大力开展养老服务工作，提供居家养老服务、社区养老服务和机构养老服务，能够更好地照顾每一个老年人，这也是对政府执政能力的一次考验，也是惠及万民福祉的民心工程。因此，做好养老服务工作，关系到每一个人、每一个家庭，这也是政府的职责所在。

二、社会层面的价值

养老是良好社会氛围的体现。从精神层面上讲，对于一个社会来说，关爱弱势群体，关心老弱病残，是一个社会正能量的表现。实施养老服务，可以为每一个有需要的老年人提供必要的支撑，保障老年人的身心健康和生活起居，让老年人可以安度晚年。在这种情况下，可以营造社会和谐幸福的氛围，可以建设健康向上的社会文化。从物质层面上讲，养老服务有着巨大的需求，这也意味着养老服务有着巨大的经济发展空间，为老年人提供养老服务，可以推动老年用品产业的发展，也可以推动老年服务业的发展，为社会提供更多的就业机会，从而推动社会银发经济的发展。

三、家庭层面的价值

不可否认的是，对于家庭养老来说，养老给家庭成员带来了更多经济上的压力和精力上的压力。养老服务缓解了人口结构变化带来的家庭养老压力。受人口结构变化影响，传统家庭养老功能弱化，一方面，家庭照护群体逐渐减少，计划生育政策以及生育观念的影响，大量丁克家庭、失独家庭以及空巢家庭出现，能够为老年人提供照护的家庭成员不断减少；另一方面，全面开放二胎的生育政策，"421"和"422"家庭结构的产生，家庭代际关系重心下沉，家庭照料人员不堪重负，老年人在家庭里无法得到更周全的照护。养老服务的实施，可以为老年人提供生活照料以及医疗保健等服务，很大程度上减轻了家庭成员的精神压力和精力负担。

四、个人层面的价值

养老服务在个人层面的价值，可以从老年人和家庭成员两个方面来分析：对于老年人来说，养老服务的提供，更为系统和科学，能够把老年人照顾得更好，提高老年人的生活质量；对于老年人的家庭成员来说，由于养老服务的提供，才使自己有更多的精力来从事自己的事业和生活，有利于事业发展，也有利于生活幸福。

第六节　养老服务的内容

养老服务的内容是根据老年人的需求来制定的，虽然每个老年人的需求并不相同，但总的来说，以下几个方面是养老服务所要关注的重点内容。

一、日常照料

日常照料是指老年人在生活中必需的但自己又不能胜任的，需要他人代劳的服务需求，例如打扫卫生、做饭、洗衣物、购物、聊天、修理家电、医疗保健等。老年人的日常照料需求程度主要取决于家庭状况和自理能力。

具体需求情况如下：其一，孤寡、空巢老人对日常照料的需求明显，这部分老年人一般通过社区或养老机构来满足日常照料需求。在日常照料需求得到满足的情况下，老年人更愿意选择社区居家养老模式。其二，自理老人中家庭状况尚可的，在日常照料需求中，更倾向于助医、助洁服务；半自理和不能自理老人对日常照料需求中的助餐、助浴、助洁服务有需求，但这部分老年人最大的需求是医疗保健（吃药打针、康复护理）需求。其三，随着生活质量提高，医疗技术水平进步，人口寿命增加，更多的高龄老人和慢性病老人对日常照料的需求加大。

同时，日常照料的需求有如下几个特点：其一，在城市，由于老年人的子女外出打工，从而导致空巢老人现象严重，孤寡、空巢老人对日常照料服务的需求比较明显。其二，受教育程度高的老年人的日常照料需求低于受教育程度低的老年人。其三，单身的老年人有日常照料需求的比例很高，且明显高于有配偶老年人，由于没有配偶，照料资源的可获得性低，分居老人、丧偶老人、离婚老人的照料需求都比较高。

二、医疗保健

在养老服务的整体需求上，老年人对医疗保健的需求最明显。目前，我国老年人身体状况水平不佳，越来越多的老年人受到慢性疾病的困扰，在自我健康认知上，为了不增加子女负担，老年人也开始越来越重视这一问题。

目前中国医疗资源分配不均的现实也很严峻，80% 的医疗资源集中在大城市的综合三甲医院中，这导致综合三甲医院人满为患。随着分级诊疗政策的实施、医养结合养老模式的推进，老年人的看病地点开始向社区卫生服务中心（站）、乡镇卫生院（所）转移，"看病难"的问题有所缓解。但社区卫生服务中心（站）的医疗设备水平和从业人员技术水平普遍较低，在疾病筛查和就诊程序上，老年患者往往还需要二次就诊，所以社区卫生服务中心（站）和乡镇卫生院（所）大量闲置，而三甲医院人满为患。对于老年人来说，出行便利与否也会影响到其对就医方式的选择，老年人去居住地点附近的社区卫生服务中心（站）就医会更加便利。

很多老年人并不清楚自己是否患有慢性疾病，对健康管理、疾病预防等内容了解更少。目前，老年人罹患慢性疾病的情况具有以下特点：慢性病的种类多、发病率高、治愈周期长、治愈率低、治愈后复发率高等。老年人保健和体检意识受到教育程度的影响，教育程度越高，保健和体检意识越强。我国老年人的就医模式大部分为有病才就医，很少有老年人每年按时进行体检，这也导致小病拖成大病，错过了最佳治疗时间。尤其是对于经济能力有限的贫困老年人来说，很难做到及时就诊，同时又缺乏保健体检意识，使得老年人的医疗护理容易陷入恶性循环。

三、精神慰藉

目前，我国的经济发展水平已有了较大的提升，但基于国情，子女在老年人的养老问题上考虑最多的仍然是物质赡养，却忽视了老年人在精神层面的需求。这一问题不仅仅局限于空巢老人和孤寡老人中，很多正常家庭中的老年人也都感到孤独和寂寞。目前来看，老年人很多时候需要的不是子女在物质上的照料，而是精神上的关怀。例如在家务方面，很多健康老年人都能自行完成，他们更多的需求是聊天谈话。对于空巢老人和孤寡老人，也希望社区工作人员和邻里能够经常去家中拜访，即便只是以谈话聊天的形式也能在很大程度上提升老年人的幸福感，可见，老年人精神层面的需求是十分重要的。随着社会竞争加剧，年轻人生活节奏加快、工作压力变大，老年人的精神照料更容易被忽视。精神文化需求是老年人关注的重要部分，特别是对于文化娱乐设施的配备十分重视。在精神娱乐上，老年人多采取打麻将、跳广场舞、演奏乐器、看书画画等方式，特别是近几年，随着国学受到推崇，越来越多的老年人采取写毛笔字和画国画的方式进行自我精神娱乐。

我国在法律层面上对老年人精神慰藉的内容也作出了说明，老年人的精神慰藉主要来源于家庭的核心成员，且家庭核心成员对于老年人的影响程度大于家庭其他成员，家庭其他成员又大于外人。老年人的心理健康与精神慰藉相互关联，伴随着生理变化、社会地位改变，老年人的心理也会发生变化。心理问题与老年人的家庭情况、患慢性病的情况都有关系，而每个老年人的状态不尽相同。一时的情感落差容易让老年人的思想产生负面变化，这种变化是一个复杂的过程，不像生理变化那样可以预测。部分老年人可能从未出现过记忆丧失或者完成复杂任务能力下降的情况，身体状态一直良好，能够保持积极的心态，有自己活跃的朋友圈，与家人有相互关爱的生活。但是，对于一些家庭核心成员缺失、记忆功能减退或者社交狭窄的老年人，心理状态伴随着身体的老化过程逐渐改变，老年人的生活态度逐渐趋于消极。老年人的智力因素也是保持老年人积极心态的重要原因之一。年龄增长带来的身体变化、抑郁状况都会导致智力下降，智力下降会在很大程度上降低老年人的生活质量，从而更容易导致负面情绪的出现。

随着国家经济发展，老年人物质生活和文化生活都得到改善，但是老年人精神慰藉的问题解决缓慢。由于子女工作忙、压力大，家庭核心成员即使与老年人在一起生活，很多时候也无暇顾及老年人的精神需求。老年人容易产生烦躁、偏执、忧郁等负面情绪，从而引发更为严重的心理问题。目前，很多省份和城市都开展了关爱老年人活动，包括上门聊天、读书读报、家庭设施护理维修、上网指导、信息传递等。服务人群主要有社区工作人员、家政人员，也有一些面向低保、残障、空巢老人服务的志愿者。特别是缺少家庭成员的空巢老人，由于自身不能应对突发状况，有的志愿者每天对老年人进行上门或者电话巡访，这很大程度降低了老年人出现意外的概率，同时又与老年人建立了密切联系。这种方式在老年人的精神慰藉方面起到了积极作用，但是这种活动的持续性、跟进性还有待进一步完善，因为对老年人的精神慰藉是一个持续的过程。

四、社会参与

老年人社会参与包括老年人参与再就业、参与老年协会、参与老年大学、参与老年志愿者活动等。老年人通过参与再就业，能够减少老年人心理上、精神上的孤独感和失落感。从人类学角度出发，人类属于群居动物，生活在社会关系网络中，通过社会关系网络获得社会资源和社会地位，因此，如何利用和发展社会关系网络十分重要。当老年人退休后，原有的社会关系网络逐渐弱化并随着老年人活动能力的减弱最终消失。所以，老年人有必要通过社会参与建立新的社会网络，建立这种网络有利于老年人的身心发展。

从实际角度出发，老龄化所带来的高龄老人数量增加、劳动力供给短缺等问题是对经济发展的重要挑战。世界上多数国家都开始探讨延迟退休的问题，例如日本、美国等国家已经开始实施老年人再就业计划，同时加大对老年人社会参与的建设力度。目前，我国老年人平均寿命延长，健康状况有所改善，社会参与需求明显增加，无论从国家层面、企业层面还是个人层面，加强老年人社会参与和发展老年人再就业都具有重要意义。城市老年人选择再就业，一方面可以增加经济收入使自身养老方式更为多元化，另一方面还可以提高自身社会参与度和满足感。

我国老年人存在再就业需求的原因有两个方面：一方面来自老年人精神层面的自我价值再创造，另一方面是老年人想要获得更多的经济收入。一部分老年人虽然目前的主要经济来源不是劳动收入，但随着生活成本上涨，老年人需要通过再就业来增加经济收入。也存在部分老年人希望增加经济来源以缓解子女的经济压力，或提高自身的生活品质。延迟退休政策对老年人参与再就业也将起到促进作用。

第七节　养老服务的影响因素

目前来看，养老服务有着广泛的需求，但不同地区、不同群体的需求不同，具体来说，影响养老服务的需求因素有以下几个：

一、自然状况因素

自然状况包括老年人自身的健康状况、婚姻状况、家庭结构以及受教育程度等，这些都影响老年人的养老方式选择。

从性别上看，女性老年人平均寿命高于男性老年人，且女性老年人罹患慢病的比例也略高于男性老年人，女性老年人养老服务需求要高于同龄男性老年人。同时，从经济来源看，男性老年人主要依靠养老金生活，而女性老年人则主要依靠养老金和家庭成员供养生活，女性老年人依赖家庭成员供养生活的比例明显高于男性老年人。由于年代不同、社会分工不同，加之女性平均寿命高于男性，因此，越年长的女性在年轻时有工作的可能性越低，依赖家庭成员供养的可能性也越高。

从健康程度上看，健康程度直接影响老年人养老服务需求，老年人健康状况越好，对于日常照料、医疗保健需要越低，但是对于社会参与需求越高，对于精神慰藉需求的影响要依据具体情况分析。老年人身体健康程度直接影响需求，健康程度越差老年人医疗保健需求越明显。

从婚姻状况上看，独自居住的老年人养老服务需求高于与配偶居住的老年人。对于丧偶、离婚以及分居的老年人来说，生活照料资源可获得性偏低，整体上对养老服务的需求程度较高。相反，已婚、再婚或同居老人照料资源可获得性比其他婚姻状况的老年人要高，可以通过配偶满足日常照护需求，所以老年人对于养老服务的需求程度较低。

从年龄结构上看，随着年龄增长，老年人体力和健康程度逐渐下降，对养老服务需求也就越来越多，特别是对于日常照料、医疗保健需求增加。年龄增长，健康状况恶化，养老服务需求增加。根据相关研究，高龄老年人养老服务需求更加明显。

从教育程度上看，受教育程度低的老年人对于新的养老观念和养老模式接受较慢，对于有偿养老服务形式认可度不高。相反，受教育程度越高收入状况一般越高，经济能力也越强，对于新理念的接受程度越高，更容易接受智慧养老、旅游养老等新兴养老服务模式。对于养老服务需求也比较明显，对于精神养老需求及需求种类的多元化越强烈，同时对于养老服务人员的态度和服务质量要求也相对越高。

二、经济收入因素

经济基础决定上层建筑，老年人的经济状况直接影响老年人养老服务的选择及质量，理论上来说收入水平对老年人养老服务需求起决定性作用。老年人所在地区的区域经济发展水平与自身经济收入水平相关。经济因素最直接影响老年人服务需求，无论是日常照料、医疗保健还是社会参与、精神慰藉，经济因素都是各项需求的基础。没有经济基础支撑，各项服务需求都无法满足。

老年人主要经济来源有劳动收入（工作收入、劳动所得、农副业收入）、离退休金及养老金、政府补贴（政府救助、集体救助、企业补贴和其他补贴）、财产性收入、私人转移性收入（家庭其他成员供养）以及其他收入六个方面。从收入结构上看，60岁及以上城市老年人中，以私人转移性收入和退休金收入为主要来源的占比最大。

转移性收入即是来自家庭中子女供养的经济收入部分，家庭其他成员供养占老年人生活来源比重高，一方面是因为老年人往往由于收入水平较低，在年轻时的劳动所得几乎全部用于日常生活和子女供养上，由于没有积蓄，往往要依靠由子女供养；另一方面是，虽然我国一直在大力发展实现养老保障全覆盖，但在现实中仍然有一部分人由于种种原因没有被纳入社会保障体系中，这些老年人的收入来源也主要依靠家庭成员供养。失独家庭、独居老年人比例不断攀升，老年人主要经济收入来源于家庭供养的比例有所下降。对于这些低退休金或者没有退休金的老年人来说，往往没有经济能力消费养老服务，更不用说去养老机构养老。

三、相关政策因素

我国养老服务发展策略是以政府为主导，政府投入具有优势。纵观我国老龄化现状，政府需要加大对养老服务业的资金投入，养老服务业属于福利性事业，需要政府承担，完全依靠社会力量发展进度会相对缓慢。老年人是社会福利的主要受益人群，我国社会救助对象主要是城市"三无"老人以及农村"五保"老人，救助政策由当地政府制定，依据我国财政政策和各省份的具体财政水平，为老年人提供不同的社会福利。

目前，政府已经重视并逐步着手解决弱势老年群体的照料和医疗问题。但是，随着老龄化加剧，养老服务需求逐年增加，逐年增大财政支出的投入比例也是不现实的。因此，政策上应大力引入社会资本和民营资本参与养老服务业。一方面，政府应通过用地优惠、税费减免、财政补贴等政策导向，吸引社会力量投资养老服务产业；另一方面，应给予个人或者企业优惠政策，更大程度地将民营资本引入到养老服务业中去。这样不但可以提高我国现阶段养老服务的供给能力，还可以通过市场化竞争方式，优化养老服务市场结构，提高养老服务供给主体的服务水平和服务质量。

综上，政府掌握我国整个养老服务业发展的大方向，相关政策具有奠基性作用，对养老服务需求影响巨大。增加资金投放政策、补贴政策能加快养老服务业的发展，增加供给企业的数量和质量，能满足更多老年人养老服务的需求。政府的养老服务补贴、扶持政策出台越多，养老服务供给方和获得服务的老年人数量就越多。对于空巢老人，社区服务能力越好、设施越完善、服务质量越好，这部分老年人就更愿意选择社区居家养老的方式，对于社区居家养老服务需求越多。通过政府支持，提供养老服务的供给主体越多，优质养老服务资源也就越多，可以满足的养老服务需求人群也就越多。

四、社会习惯因素

由于东西方文化和理念的差异，我国日常照料的现状是主要由年轻人负责老年人的照料工作，"养儿防老"观念促使子女肩负起日常照料老年人的全部义务和责任。我国老年人也往往选择享受天伦之乐的养老方式，与子女居住在一起。但是随着劳动力市场的竞争加剧，为了支撑家庭开支，负有赡养义务的家庭夫妻双方均需有相应的工作。在这种环境下，老年人所需的日常照料便成了赡养人的负担，尤其是当面临职业升迁、婚丧嫁娶等社会关系变动时，子女更无暇照顾年迈的父母。特别是在北上广深这样的超一线城市，巨大的工作压力使老年人日常照料功能更加弱化。

事实上，现在很多年轻人更愿意与老年人分开居住，在家庭照料资源无法满足时，希望老年人在养老机构中获得优质服务。但由于受到社会舆论和风俗习惯影响，老年人不愿意选择机构养老。在这种社会习惯影响下，老年人一般采取居家养老的养老模式，或者选择社区养老模式，除非在老年人自身状况不允许居家养老时，才会不得不选择到养老机构养老。

社会习惯和道德舆论导致老年人在养老方式上更愿意选择社区居家养老模式，老年人对于社区居家养老服务需求较多，如日常照料和精神慰藉服务等，对于社区服务的完备、社区服务人员的态度以及服务质量也比较关注。

五、生理心理因素

生理因素的变化必将是老年人逐渐经历的过程，对于大部分老年人来说这个生理变化过程都是不可逆的，所以老年人日常照护、医疗保健、精神慰藉以及心理健康养老服务需求都会相应增加。心理因素积极，老年人对于精神慰藉的需求就会减少。相反，如果心理情况一旦恶化，不良心态促进器官衰退和疾病进展，进一步加剧生理情况恶化，对于精神慰藉、心理健康等需求都会相应增加。

生理因素涉及的种类很多，对老年人的影响包括皮肤衰老、听觉和视觉功能下降、牙齿和胃肠功能衰退、肌肉和骨骼退化以及对温度的敏感性降低等。在听觉上，对于助听设备需求增加；读书读报时，对于放大镜或者大号字体书报的需求增加。由于老年人嗅觉下降，对烟火煤气的气味不敏感，对于安全设施的需求增加。老年人对于保暖设备的需求增加，对居住环境的养老服务需求改变，患呼吸系统疾病、风湿痛、关节炎等疾病的概率增加，对于医疗保健的需求增加。

另外，由于牙齿脱落和胃肠消化功能减退，老年人在饮食习惯上一般选择清淡、容易咀嚼的食物，对于老年食品存在需求。如果食物咀嚼不充分也容易引起消化不良，导致老年人罹患慢性胃炎、慢性肠炎等疾病的概率增加。同时，老年人的活动能力受肌肉和骨骼的直接影响，患有关节炎或者腿脚不好的老年人存在易摔倒的风险，行走不便的老年人对于轮椅或者病床等无障碍设备的需求增加。

心理因素对老年人的需求存在影响，老年人心理变化往往决定着老年人的需求选择。心理变化包括认知层面变化和情感层面变化。认知层面变化有老年人的智力、记忆力、学习能力和创造性思维能力。老年人对于自身记忆力情况的下降存在诸多抱怨，部分老年人在老年痴呆初期出现记忆力下降的情况，情绪变化明显。老年人智力与年龄之间的关系比较微妙，智力分为流体智力和晶体智力，前者随着年龄增长在反应速度、思维敏捷度上下降较多；而后者与人的经验、领悟能力以及知识储备相关，会随着年龄的增长而逐渐增加。因此，并不是所有老年人都会出现智力下降的情况，这也要看老年人的心态是否良好。

老年情感层面的变化包括情绪变化和性格变化。老年人对于情感的控制力较弱，加之自身健康状况不佳以及子女长时间不在身边，精神上缺少依靠，社会参与度又较低，老年人往往易受负面情绪困扰。老年人主要出现的负面情绪有抑郁、现独、失落等，这些情绪容易导致老年人性格变得孤僻与沉闷。

在生理心理因素上，生理因素的不可逆变化使老年人的日常照料、医疗保健、精神慰藉等养老服务需求增加。心理因素与老年人婚姻状况和交际状况都相关，伴侣缺失和社会参与程度降低会导致老年人孤独，孤独是老年人精神慰藉需求的直接体现，老年人负面情绪越多，对于精神慰藉的需求就越多；老年人心态越积极，对于精神慰藉的需求就会越少。

第八节　养老服务的理论

养老服务的开展，有其社会学理论的支撑，了解支撑养老服务的社会学理论，对于养老服务的开展至关重要。

一、马克思主义社会保障理论

马克思主义始终把人民立场作为根本立场，把为人民谋福利作为根本使命，坚持全心全意为人民服务的根本宗旨。社会保障就是无产阶级谋求社会整体福利的事业，马克思主义社会保障理论为养老服务的公共产品化提供了理论基础。

（一）马克思主义社会保障理论

马克思认为，社会保障是一切社会生产方式所共有的基础，社会保障的对象是社会劳动者和弱势群体，具体来讲包括三类人：第一类是有劳动能力的失业者；第二类是孤儿和需要救济的贫民的子女，而他们是产业后备军的候补者；第三类是衰败的、流落街头的、没有劳动能力的人。从这个角度上讲，老年人作为丧失部分或全部劳动能力的弱势群体，是社会保障的对象之一。马克思提出"由社会全体成员组成的共同联合体共同而有计划地利用生产力，使生产能够最大限度地满足全体成员所需的规模进行生产教育、交换工种，共同享受大家创造出来的福利，通过城乡的融合，使全体社会成员的才能得到全面发展——这一切都将是废除私有制的最主要的结果"。马克思主义认为，人的发展与社会发展是辩证统一的，人对社会的发展起着决定性作用，因此，人的自由全面的发展是社会保障的最终目标，也是社会发展的最终目的。

马克思主义的社会保障理论，在社会主义事业蓬勃发展的今天仍然具有重要的指导意义。我们更应当根据新情况、新问题，不断地发展、丰富和完善社会保障理论体系。而社会保障的责任主体是政府，马克思和恩格斯在他们共同拟定的《共产党在德国的要求》这一行动纲领中曾明确指出："建立国家工厂，国家保证所有的工人都有生活资料，并且负责照管丧失劳动力的人。"马克思在这里虽然并没有确切地说明社会保障对劳动力再生产有多大的影响，但是却切实说明了政府参与退休人员养老管理的重要性，因为只有这样才能为劳动者的再生产提供保障，才能给劳动力再生产提供不竭动力，才会有用之不竭的劳动力出现。社会保障制度的完善和养老服务体系的建设，都需要政府在政治、经济、文化和公共服务等多方面充分发挥其职能，从而起到协调、引导、规范、监督的作用。

（二）马克思主义社会保障理论对于养老服务的启示

马克思主义社会保障理论对于养老服务的启示，主要有两个方面：

一方面，养老服务是社会保障的范畴。老年人作为社会保障的对象之一，完善养老保障体系无疑是促进人的全面发展的重要方面，而养老保障体系的完善，不应仅仅局限在社会保障层面，广义上的养老保障还应当包括养老服务，即在老有所养的基础上，实现老有所乐、老有所为，这样才真正符合人的自由全面发展的要求。

另一方面，养老服务的主要提供者是政府，这也说明养老服务具有公共产品的属性，为公共财政支撑养老服务提供了理论基础。

二、马斯洛需求层次理论

马斯洛需求层次理论是行为科学的理论之一，由美国心理学家亚伯拉罕·马斯洛 1943 年在《人类激励理论》一文中提出。书中将人类需求像阶梯一样从低到高按层次分为五种，分别是：生理需求、安全需求、社交需求、尊重需求和自我实现需求。马斯洛需求层次理论运用于养老服务中，主要是知道养老服务要将服务活动划分层次，注意老年人的需求，提供针对性服务。

（一）马斯洛需求理论的基本内涵

1943 年，亚伯拉罕·马斯洛在论文《人类激励理论》中首次提出了人的需求层次理论。马斯洛需求层次理论为我们在了解人的动力结构方面提供了一个较为系统的理论模型。一直以来，马斯洛需求层次论被广泛引用和介绍，产生了巨大的影响，但人们对它的理解存在很多偏差，没有厘清理论的概念和内涵。关于马斯洛需求层次理论究竟包含几个方面，学界存在着不同的看法和论述。本文采纳马斯洛《动机与人格》（第三版）的观点，"即包括五个层次的需求：生理需求、安全需求、归属与爱的需求、尊重需求，以及自我实现需求上"。

生理需求是最基本的需求，用来维持自身的生存要求，主要指衣、食、住、行等方面。基于这一点，生理需求最能推动和激励人们的行动。"人只靠面包活着"的观点存在一定的合理性，而当面包充足的时候，人们的需求会发生新的变化。根据马斯洛的观点，人们首先要保证最基本的需求满足，到一定的程度之后其他的需求才会发展成为新的激励因素，而已经相对满足的需求就不再发挥激励作用了。

安全需求是人类要求保障自身安全、摆脱事业和丧失财产威胁、避免职业病的侵袭、免受恐吓和混乱的折磨，有对体制、对秩序的需求，对法律、对界限的需求等方面。人是一个有机体，总是追求安全的机制，渴望满足安全的需求。

社交需求也称作"归属和爱的需求",包括两个方面的内容:一是归属的需求,每一个人都具有渴望结群、加入集体、有所归属的动物本能,即希望成为群体中的一员,并相互关心和照顾:二是爱的需求,人人都需要得到别人的爱,也希望去爱别人,亲情、爱情、友情都必不可少。情感上的需求相对来说更加具体、更加细致,它与人的性格特征、成长环境、教育水平、民族信仰等有着密不可分的关系。

尊重需求是指每个人都渴望拥有一定的社会地位,获得他人的尊重,得到社会的肯定。尊重的需求包括内部尊重和外部尊重两个方面。所谓的内部尊重指人有自信、有能力,能够独立自主。而人渴望获得地位、威望,渴望获得他人的尊重和信赖,就是外部尊重的体现。马斯洛认为,满足人的尊重需求具有非常积极的作用,它会使人充满自信,对生活充满激情,体会到人生的价值和意义。

自我实现的需求,即最大限度地发挥个人的潜能,达成个人理想和目标,成就事业,实现价值。自我实现的途径是多样的,因人而异。马斯洛认为,一个人能够成为什么,他就必须成为什么,人必须忠实于自己的本性。人必须干适合自己的工作,这样才会享受到最大的快乐。

(二)马斯洛需求理论的基本论点

马斯洛需求理论中的五种需求具有层级性,逐级递升,称为"马斯洛需求梯级结构"或叫"金字塔结构"。前两个层次的需求归属于物质性需求,相对来说,是较低级的需求;后三个层次的需求可以归结为精神性需求,是人的高级需求。

其基本论点是:第一,需求一般按照由低到高的顺序发展。只有尚未满足的需求才具有激励作用,而得到满足的需求已不再成为激励因素。第二,需求普遍具有层次性、阶段性、潜在性、多样性等特点。同一时期人的多种需求可以并存，表现出来的迫切程度也都不相同，只有那些表现最强烈、感觉最迫切的需求（优势需求）引发人们的动机，影响人们的行为。第三，各个层次的需求是相互依赖和交叉的，需求也不会由于更高层次需求的突显而消失。一般来说，一个较低的需求得到满足，较高一层的需求便会相继产生，但并不是说，一个需求必须得到100%的满足，新的需求才会出现。举例说明，一个人各个需求的满足情况可能是大概满足了85%的生理需求，65%左右的安全需求，社交需求满足了45%，而自我实现需求大概满足了25%左右，多个需求同时存在，但满足程度各有不同。第四，需求层次中存在诸多例外，并不是所有人的需求都按照金字塔结构变化和发展，也不是所有人一生中都会有这五种需求。

（三）马斯洛需求理论的深入讨论

第一，五种需要像阶梯一样从低到高，按层次逐级递升，但这样的次序不是完全固定的，可以变化，也有种种例外情况。

第二，需求层次理论有两个基本出发点：一是人人都有需要，某层需求获得满足后，另一层需求才出现；二是在多种需求未获满足前，首先满足迫切需求，该需求满足后，后面的需求才显示出其激励作用。

第三，一般来说，某一层次的需求相对满足了，就会向高一层次发展，追求更高一层次的需求就成为驱使行为的动力。相应地，获得基本满足的需求就不再是一股激励力量。

第四，五种需求可以分为两级，其中生理上的需求、安全上的需求和感情上的需求都属于低一级的需求，这些需求通过外部条件就可以满足；而尊重的需求和自我实现的需求是高级需求，它们是通过内部因素才能满足的，而且一个人对尊重和自我实现的需求是无止境的。同一时期，一个人可能有几种需求，但每一时期总有一种需求占支配地位，对行为起决定作用。任何一种需求都不会因为更高层次需求的发展而消失。各层次的需求相互依赖和重叠，高层次的需求发展后，低层次的需求仍然存在，只是对行为影响的程度大大减小。

第五，马斯洛和其他的行为心理学家都认为，一个国家多数人的需求层次结构，是同这个国家的经济发展水平、科技发展水平、文化和人民受教育的程度直接相关的。在发展中国家，生理需求和安全需求占主导的人数比例较大，而高级需求占主导的人数比例较小；在发达国家，则刚好相反。

（四）马斯洛需求理论对养老服务的启示

马斯洛需求层次理论作为重要的社会学理论，对养老服务有如下两点启示。

一方面，通过马斯洛需求层次理论，我们可以更加容易地分析老年人的需求，在提供养老服务的时候，能够按照需求服务的层级确定养老资金的投入，确定养老服务的轻重缓急，从而更好地实施养老服务。

另一方面，通过马斯洛需求层次理论，我们可以明确养老服务品质的层级要求，根据需求层次不断提高养老服务的品质。

三、福利多元主义理论

福利多元主义理论是关于社会福利主体的重要理论，对于养老服务的供给主体有着重要的作用。

（一）福利多元主义理论的内涵

福利多元主义兴起于 20 世纪 70 年代，这一时期西方资本主义国家因为石油危机导致经济进入滞胀阶段，同时也面临着较为严重的通货膨胀现象和居高不下的失业率，西方典型的福利国家也开始受到人口快速老龄化问题困扰，经济全球化的持续发展也使得诸多社会问题演变成为西方发达国家需要共同应对的全球性问题。如战后的英国就出现了由于执政党之间为了获得足够的选票在福利项目上进行相互攀比，导致国家财政难以承担每年都在持续增长的巨额福利支出，到 20 世纪 70 年代福利开支负担演变成为社会性问题，遭受石油危机影响导致英国经济发展停滞，受到新兴工业国家竞争影响，导致本国工业竞争力下降，这一切都使得英国在二战后建立的福利国家体制难以为继。诸多国家均面临着和英国类似的社会发展困境，经济增长速度放缓、福利开支持续增加导致西方资本主义国家引以为傲的福利国家体制受到了广泛质疑，诸多福利国家受到了来自政治、经济以及社会等各个领域的挑战，即福利国家危机。由于过往盲目崇拜福利国家制度而追求构建"从摇篮到坟墓"的福利型社会，事实上导致一些西方国家陷入了财政赤字的窘境，而经济状况的波动又影响了政府福利政策的实施效果，当福利国家不能满足人们各类需求时，社会上对福利国家模式存在不满的人数就会增加，可见，福利国家模式本身存在诸多不足，只是在经济恢复阶段这些矛盾被掩盖了，到了 20 世纪 70 年代经济危机出现时，福利国家中的矛盾逐渐暴露，开始成为全社会都需要关注的问题。

面对这些问题，在 20 世纪 70 年代到 80 年代的撒切尔政府时期，英国开始率先对福利国家制度进行改革，其奉行自由主义和货币主义政策，通过削减福利开支和积极推动公共服务领域的市场化改革，来扭转英国福利体制改革和经济社会的发展方向。其他西方发达国家也陆续展开了相关的改革，这样福利多元主义理论就在西方国家对"福利国家"体制的批判与反思进程中逐步产生与发展，并逐渐成为社会政策研究中最为重要的一种理论范式。福利多元主义的核心理念是合理分权和吸引多方主体积极参与福利事项，通过在政府、市场和家庭之间建立一种多元福利供给体系，来解决过往福利供给中存在的政府失灵、市场失灵、家庭失灵等现象，即明确了福利供给事项需要由政府与其他社会主体共同承担，以及通过充分的竞争来有效降低供给成本，切实提升福利供给和公众需求的契合度。

"福利多元主义"一词最早源于 1977 年英国沃尔芬德委员会发布的《志愿组织的未来》报告，报告中提出了福利供给主体是多元的且应将志愿组织加入社会福利供给行列中。在之后的学术研究中，学者们也对福利供给主体的类型进行了不同的划分，如英国福利学家罗斯的福利多元组合论指出，社会总福利是由国家、市场和家庭三个部门共同供给的。这一理论突破了过往认为福利仅仅是由国家提供的传统观念，其他社会组织也能在福利供给中发挥重要作用。在此基础上，德国学者伊瓦斯提出了著名的福利三角理论，认为政府可通过正式福利制度来对社会中的资源进行再分配，并有效分担社会成员所面临的风险，市场则负责提供一般工作福利，用于满足社会成员的日常生活需求，家庭主要服务则提供各类非正式福利，用于满足交际需要。而英国学者约翰逊则在福利三角的基础上，将志愿组织引入福利多元构成体系，提出社会福利的四大来源为国家、市场、家庭、志愿组织，即福利多元主义的四分法。由此可见，无论福利多元主义具体类型如何划分，其都强调福利供给应由多元主体积极介入，并通过主体间的合作来提升服务供给的效率与质量。

（二）福利多元主义理论对于养老服务的启示

福利多元主义理论对于养老服务的启示，主要有以下两点：

一方面，福利多元主义理论告诉我们，养老服务作为一种社会福利事业，应该是多元主体共同介入，并且由多元主体承担相应的责任。只有这样，养老服务事业才能够可持续发展，高质量发展。

另一方面，通过福利多元主义理论，我们可以知晓，养老服务事业的发展，不仅要明确多元主体的责任，同时也要求多元主体在养老事业的发展过程中，协调合作，产生共同的合力，才能促进高质量发展。

四、社区照顾理论

社区照顾理论是针对社区养老服务的理论，为当前社区养老提供了理论基础。

（一）社区照顾理论的内涵

"社区照顾"一词最早源自英国，1950 年英国政府正式建议大力发展社区照顾。在 20 世纪 50 年代"反院舍化"运动中，社区照顾开始涉足老年人照顾领域。第一次提出"社区照顾"一词是在 1957 年《关于精神疾病和精神缺陷的法律》中，韦伯和韦氏伯认为，社区照顾的发展起源于"反院舍化"的动力，即致力于减弱或消除过去院舍照顾服务对象的消极影响，为政府减负，鼓励在社区内给服务对象提供相匹配的服务；但那时社区照顾的重点是精神病患者，后来概念不断推广，逐渐涵盖智力或躯体残疾人士和老年人等其他弱势群体。

1988 年，在《社区照顾行动议程格里菲斯报告》中提出了新的社区照顾政策的三大主要目标：第一，以服务的享受者和照顾者为中心，服务对象作为服务的消费者拥有话语权，要满足服务对象的需求；第二，完善社区和居家养老服务系统，使老年人不离家便可享受到服务；第三，合理进行资源配置，促进资源配置效率达到最高，使需要最大的服务对象也可享受到服务，避免资源的浪费和重复使用。

1989 年英国政府发布的白皮书《照顾公民》把社区照顾定义为"政府通过恰当的引导与鼓励，使老年人不离开他居住、熟悉的社区，在社区内进行服务；发挥社区内的力量，调配社区内的人力和物力开展服务。"

英国学者艾伦沃克将社区照顾的提供分为社区内照顾和由社区照顾。社区内照顾是指需要凭借外来的专业人员照顾，包括政府、社会组织甚至市场提供的服务，强调社区平台的作用；指在社区设立小型化、专业化的服务机构，设立社区活动中心，以社区为依托，提供老年人需要的生活照顾、医疗护理、文化教育等服务，提供各类服务设施、技术和基础性治疗。由社区照顾，即由亲人、朋友、邻里等形成网络并提供支持。本文在社区照顾理论的指导下，强调老年人在其居住的社区内就近享受养老服务，把社区作为依托，发挥社区响应快、距离近、便利化的特点，让老年人在自己熟悉的环境中安享晚年；利用社区内的专业社区居家养老服务机构，嵌入社区内为其提供多功能、全方位的养老服务。由政府、民间团体、志愿团体以及市场为老年人提供专业化的正式照顾服务，由亲友及邻里网络为老年人提供非正式化的养老服务。

（二）社区照顾理论对养老服务的启示

社会照顾理论对养老服务的启示，主要是为养老服务的创新提供了新的思路。在社区照顾理论的指引下，养老服务从传统的家庭服务和机构服务中走出来，形成了社区养老服务的新模式。

第二章

//

我国养老服务的发展

衰老是人类的自然规律，养老是人类的一个古老话题。我国有着悠久的养老史，新中国成立以来，我国养老事业不断发展，为千千万万老年人提供了养老服务，帮助老年人安享晚年。

第一节　我国古代养老的基本情况

我国养老传统积淀深厚，如何积极挖掘古代养老经验对于丰富现代养老内涵具有意义。

一、我国古代养老的基本特征

我国古代养老的基本特征如下：

（一）多元并举的养老格局

纵观历史，古代养老主体在总体上呈现多元并举的格局。

第一，古代社会基本组织单位是以血缘为纽带的家庭。老人是一个家庭的重要成员，其青壮年时期在从事劳动生产养家糊口、养教子女等各方面发挥过巨大作用，当其在年老体弱之际，子女理应承担赡养义务悉心照料，《礼记·王制》载："五十异粻，六十宿肉，七十贰膳，八十常珍，九十饮食不离寝，膳饮从于游可也。"故家庭就成为养老最主要的依托。

第二，中国是一个强关系社会，大量重要的追求需要经由强关系的社会资本来实现。村社以祠堂、宗庙和伦理等因素将每个家庭及成员集合在一起，形成一个体现家族宗亲、邻里乡亲关系的小型社会保障系统。"老吾老，以及人之老"，就是将家庭意识扩展为社会意识，推己及人，以血缘关系为中心辐射，还形成地域、行业、信仰等各种复杂的社会关系，这些强关系在一定程度上对家庭养老起到协助作用。

第三，生活中存在着个体差异和难以预料与控制的各种风险，导致家庭乃至村社无力负担养老。在古代家天下之政治情形下国家建立"人君养老"的制度，进行各种形式的救助，履行"最大家长"职责，体现统治者的仁政与惠施。由于受到农业生产和生活方式，以及社会关系和等级结构的影响，在多元并举的养老格局中，形成以家庭赡养为主导、村社协助与国家救助为辅的模式，各种养老主体尽力发挥不同组织范围与层级结构的作用，相互弥补，从而为养老建立了一个相对完备的组织保障系统，充分体现老有所养的道德准则和社会义务。

（二）双管齐下的养老内容

美国学者马斯洛虽然将人的需求划分为不同层次，但基本需求无非生理与心理。养老内容就是满足老年人对这两个方面的需求。

家庭是老年人生活的直接场域和亲情处所，故承担着责无旁贷的责任，家庭成员甚至牺牲自己的身体也要伺候老人生活；尊重老人意愿，按其教诲为人处世；积极谋取功名，光宗耀祖，体现出天伦之乐的家庭之爱。家庭养老形成中国传统文明中孝道文化的主体，树立了"二十四孝"楷模，至今仍被现代家庭承袭。村社养老在各时期都有存在，魏晋豪强地主的庄园制度，宋代朱熹创立的社仓制度，都是一种很典型的村社救助及养老举措，"敦宗族，睦亲姻，念故交，大数既得，其余邻里乡党相周相恤。"（郑板桥《范县署中寄舍弟墨书》）

国家为了更好地实施养老政策与制度，设立了专门的职官和人员从事养老工作，制定养老标准。表现为：首先，照顾生理。大体有赏赐衣帛钱粮等生活物资，解决衣食之忧；设立官方专门的养老机构，收养鳏、寡、孤等无人赡养的老人；赐予拐杖以助行；实施养疾之政，问病施药；助葬祭祀；减免老人税役，甚至也减免一定数目子孙的徭役以养老；宽宥惩处，减轻对身体伤害；等等，通过诸多举措解决老年人的基本生存问题。其次，慰藉心理。如赏赐爵位、官衔；垂询存问；举行乡饮酒礼；入官府不趋；行驰道旁道等具有特权等举措，提升老年人社会地位和声誉，培育养老敬老氛围，满足老年人心理需求。第三，不但老有所养，而且老有所为，这也是古代养老中极具特色的一面。选用有德才的老人发挥余热，从事参政督议、传道授业、村社管理和敦化民风等力所能及的社会活动。

古代养老内容包括从生理方面的衣、食、住、行、病、葬，甚至延续到祭祀，以及在心理方面爱的需要、名誉追求和社会作为，等等，堪称全面周到，充满整个社会的关爱。每个王朝对养老政策实施的差异无非各有侧重、各有千秋而已。

（三）正反结合的治理机制

古代社会通过各项途径，尽可能追求养老实效。

一方面，实施正向引导。第一，培育养老伦理。古代伦理"孝"就是养老的最大体现,"凡为天下、治国家,必先务本而后末","务本莫过于孝"。历代王朝追溯历史传统,以历史的沿承性强调养老观念,《礼记·王制》记载:"凡养老,有虞氏以燕礼,夏后氏以飨礼,殷人以食礼,周人修而兼用之。"春秋时期的《孝经》集中反映养老伦理思想,后世各王朝都在承继,经过历代王朝不断培育与强化,古代孝道经久不衰,"百善孝为先"的观念深入人心。第二,确立养老规则。养老政策与制度在先秦就基本确立,后世进行调整补充,使之趋于完善,故古代的养老制度基本呈现出一致性。第三,落实养老行为。各个养老主体俱着力践行,尤其是国家养老,史书不乏记载。观念的培育、规范的确立、举措的落实都是一种积极的正向引导,发挥了潜移默化的激励作用。

另一方面,加强负面惩戒。总有品行不端之人不赡养老人,诸如辱骂、虐待、遗弃老人的现象也时有发生,不但致使老人身心受到极大伤害,而且对社会产生消极影响。在正向引导失去效力的情况下,唯有进行负面惩戒,以图挽救。一是道德舆论的谴责,起到说服教育作用。二是生活习俗的约束,以婚姻为例,唐代就有规定,媳妇有不养老现象,丈夫有权将其休弃。三是律法的处罚,它是国家强制力的有力体现,如有弃老行为就要承担法律责任,《孝经·五刑》中引用孔子的话说:"五刑之属三千,而罪莫大于不孝。"早在夏代,就已确定不孝为犯罪行为,且为严重罪行之一,要受到残酷处罚。律法的惩治为后世王朝一直沿用,《汉律》规定要处弃市之刑,《唐律》为绞刑,《大清律》要处以徒刑。古代的律法对于弃老、厌老行为处罚比较严苛,惩处力度很大,极力保护老年人的权益不被侵犯。

养老引导与弃老惩戒表现领域比较宽泛,它们不但构成养老制度和法规的重要内容,而且相互配合、相互作用,组成一个相对严密的保障手段体系,维护老年人的合法权益和礼制规范。

(四)德法兼备的管理方式

古代养老价值指向,从个体角度而言,是老有所养、老有所为,提升老人的幸福感，老人的生命尊严得到尊重和肯定；从国家角度而言，社会意义非同一般，轮动效应鲜明。

一方面，促进政治统治。古代社会组织结构的基础是血缘与宗法关系，以等级秩序为特征。家庭和睦、社会和谐，国家才会长治久安，政治统治的目标得以实现，《礼记·乡饮酒义》中说："民知尊老养老而后能入孝弟；民入孝弟，出尊长养老，而后成教；成教而后国可安也。"在家庭中，老人是子孙延绵的始祖，家中的最高长者，其权威地位和尊贵观念不容挑战，推而广之，社会如此，国家如此，全国最大的家长就是君主。从单个家庭到全体社会、整个国家都养老，寓意着尊重不同范围与层次的权威，进而树立权威意识、服从意识及和谐意识。此类意识也正是儒家思想的核心，从本质而言，就是尊崇权威，减少社会冲突与对抗，维护等级秩序，有效地实现稳定的政治统治。

另一方面，促进文明传承。古代社会的发展主要依靠长年累月的经验累积和代代相传，老年人的生产经验与技能丰富，生活理解深刻，可以利用老年人的智慧指导生产、教诲生活。古代养老的传承，意味着社会文明得以不断传承，各朝的养老实践反过来又将其进一步强化，特别是道德伦理的文明规范至今仍为人们行为的准则、社会关系协调的准绳，成为精神文明机制的重要内涵。以"老"为师，以"先生"为师，是古代文明传承的具体行为。古代养老突破单纯个体生理机能满足的狭隘，上升到社会意义的地位与高度，把政治统治与文明传承有机结合，充分挖掘了老年人力资源的价值，体现老年人对社会的影响。

二、中国古代养老对当代的启示

纵然，古代养老存在着诸多弊端与局限，同时古今养老的社会基础与环境相差悬殊，但古代养老对当代仍具有启发意义。

（一）养老主体多元化

在现代职业的可变性、人口流动性趋强，家庭人力单薄，国家职能与力量能够更加主动、充分发挥作用的情形下，要突破原有的养老主体格局，综合考虑家庭负担与人力、区域社会经济发展水平等诸多因素，强调有能力的老年人"自养"，克服"他养"的被动；深化国家养老职能；扩展养老主体的组织形式以及协调各方关系，合理配置养老组织资源并明确其相互地位。

（二）实现老年人的全面发展

当今社会，要在满足生理照顾的层面上，尽可能解决资金与资源短缺、制度不完善、从业服务人员水平低等诸多问题，提高养老效率。还更应加大精神慰藉，大力发展文化养老，丰富心理满足的内涵，追求更高层次的文明境界。突出老有所为的地位，使老年人在有所作为的过程中，一方面给予老年人一定的经济酬劳，以提高自养的可行性；另一方面，通过积极参与社会活动，使老年人融入社会关系中，消除孤独感，提高社会地位，得到社会的认同和尊敬。

（三）采用丰富多样的保障手段

一是在合理继承传统手段的同时，还应充分发挥现代传媒的作用，扩大养老舆论宣传和影响；二是在惩戒机制中应明确弃老问题解决的手段和程序，当问题在道德、习俗规制和调节失灵情况下，法律的惩处才是最后一道保障，使有能力的弃养者被强制养老。

（四）努力开拓养老的社会价值

养老的文化价值仍然不能弱化；构建老少平等地位、消除代沟，创造整个社会和谐愉悦的养老关系；大力提倡有能力的老年人发挥自身优势，积极投入各项社会作为，对社会发展作出积极贡献。

第二节　新中国养老服务的新发展

新中国非常重视养老事业，养老服务也不断得到发展。

一、养老服务业发展历史沿革

养老问题一直是党和政府以及社会与群众关心的重大问题，关系到我国经济社会发展的各个层面。我国养老服务业发展进程主要分为三个阶段，分别是福利为主阶段、社会服务阶段以及产业起步阶段。

（一）福利为主阶段

第一个阶段是 1949 年至 1979 年新中国成立初期的 30 年。这时我国养老服务业发展处于福利为主阶段。在计划经济时代，我国主要生产方式都是实行国家统一分配，是一种救助性福利，养老服务模式主要是家庭养老模式，所有福利资源的支配权和控制权都在国家手里。养老服务对象主要是"三无"人员和"困难户"。其中"三无"人员指的是无劳动能力、无收入来源、无法定赡养人的人员。国家采取集中供养的方式，如儿童福利院、养老院等，但这部分救助主要针对的是城市居民。对于农村老年人，养老方式主要是依靠家庭的自我供养；对于农村孤寡老人、残障老人，提供"五保"供养，即衣食住行和丧葬五个方面。但是，受经济水平影响，能够进入福利院、养老院的老年人数很少。城市老年人主要依靠的是退休制度养老，而对于农村老年人，只能通过微薄的家庭收入养老，更不用说老年人的精神养老层面。

（二）社会服务阶段

第二个阶段是 1980 年到 2010 年的社区服务阶段。随着改革开放到来，我国开始由计划经济向市场经济转变。在市场经济体制下，职工所在企业转轨后，职工失去单位福利变为"社会人"。由于竞争压力加大，依靠政府福利生活变为市场竞争,年轻人竞争压力变大,外出打工导致家庭结构小型化,空巢老人、独居老人增加,家庭养老模式难以满足老年人养老需求。在 1985 年,国家实行改革,以社区服务的形式开展试点。两年后,通过"面向社会、发展社区服务"战略发展养老服务,并取得了一定的效果。1997 年,"老龄产业"概念在老龄产业研讨会上被首次提出,作为新兴产业,包括满足老年人多方面的需求所涉及的第一、第二以及第三产业。自此,我国养老服务业翻开了新的篇章。在 2000 年发布的《中共中央、国务院关于加强老龄工作的决定》中提出,动员全社会力量投资兴办社会福利事业,发展老年服务模式也向多元化服务模式转变,包括医疗保健、生活照料、老年人文化娱乐设施建设和老年再教育等诸多方面,同年提出了社会养老服务机构的目标和构想。在《关于加快社会福利社会化的意见》中强调逐步建立以居家养老为基础、社区服务为依托、机构养老为补充的养老服务体系。2008 年,在中共中央组织部、人力资源和社会保障部印发的《关于进一步加强新形势下离退休干部工作的意见的通知》(中组发〔2008〕10 号)中提出新形势下离退休干部工作的指导思想和原则,其中包括老有所养、老有所医、老有所教、老有所学、老有所乐、老有所为的发展目标。

(三)产业起步阶段

第三个阶段是 2011 年至今,为产业起步阶段。2011 年国务院办公厅发布的《社会养老服务体系建设规划(2011—2015 年)》正式实施,标志着我国养老服务产业化正式启动。2013 年,在国务院下发的《关于加快发展养老服务业的若干意见》中正式提出了养老服务的总体要求及发展措施,成为我国养老服务业发展的四梁八柱,对养老服务业发展起到战略支撑作用。在探索养老服务业模式上,2014 年,财政部、商务部发布《关于开展以市场化方式发展养老服务产业的试点的通知》,文件提出选取部分省份为试点,探索养老服务发展的长效机制。目前,我国打造居家为基础、社区与居家相结合的养老发展模式，探索医养结合资源的获取平衡性，向着其他行业融合居家与社区养老模式、健康中国与健康老龄化的发展方向。

我国养老服务业的发展历史沿革，从福利为主阶段到社会服务阶段，再到产业起步阶段，我国在逐步探索并且完善养老服务业。

二、养老服务业政策演变

我国养老服务政策演变主要经历了萌芽、孕育、启动、初步形成以及迅速发展五个阶段。从 20 世纪 80 年代开始，政府开始逐步关注老龄问题，随着我国经济水平提升、人口平均寿命增加、科学技术和医疗水平进步，我国养老服务政策实现了从萌芽阶段到现如今的迅速发展阶段。

（一）萌芽阶段

首先，第一阶段是从 1982 年到 1989 年，此时我国还没有正式出台老龄化政策，处于养老服务政策萌芽阶段。1982 年，我国成立了全国老龄工作委员会，初步形成从中央到地方的老龄工作网络。1983 年，国家老龄委印发《关于老龄工作情况与今后活动计划要点》，提出建立老年人相关协会，并首次提出开设老年人日间照料中心的内容，旨在解决老年人白天没有人照顾的问题。1985 年又首次提出建立"家庭病床"以解决不方便出行老年人的医疗问题，为日后老年人在社区接受医疗服务奠定了基础。1989 年，国家民政部和残联部门提出社区开展便民活动，特别强调社区基础康复也是残疾人康复的相关内容，这一阶段社区卫生服务体系和社区康复体系建设开始萌芽。

（二）孕育阶段

第二阶段是从 1990 年到 1999 年，是我国养老服务政策的孕育阶段。这 10 年，国家人口政策带来的人口结构改变越来越明显，老年人口年龄结构向老年型转移，国家对于老龄问题的关注度不断上升。与此同时，国家在经济发展路线上开始重视第三产业，这也带动了相关服务业发展。1994 年，国家计委、民政部等十部委联合印发《中国老龄工作发展纲要（1994—2000年）》，强调家庭养老与社会服务相结合的养老方式。1996年，国家颁布《中华人民共和国老年人权益保障法》，这是我国第一部有关老年人权益保护方面的法律。1999年，成立了新的全国老龄工作委员会。这10年有别于80年代，养老方式发生转变，社区服务功能性逐步扩大，国家提出日常照料服务、康复服务、精神慰藉服务以及社会参与服务四大服务体系，民政部门也开始成为社区服务的主体。

（三）启动阶段

第三阶段，2000年到2005年，是我国养老服务政策的启动阶段。2000年，我国人口结构正式进入老年型，国家政策开始极大地促进中国老龄事业发展，一系列居家养老政策出台。在《中共中央　国务院关于加强老龄工作的决定》（中发〔2000〕13号）中确立了以"家庭养老为基础、社区服务为依托、社会养老为补充的养老机制"，此后，这种说法在后面的一系列文件以及政策中频频出现。另外，国家在发展社会福利方面的理念也出现了转变，社会福利除了由政府部门承担外，还需要社会、社区、市场等多主体共同参与。老龄部门和民政部门开始大力发展社区服务，卫生部门和残联部门以社区居家的方式提供康复服务、医疗服务。

（四）初步形成阶段

第四阶段，2006年到2010年，是我国养老服务政策初步形成阶段。2006年，国务院发布的《关于加快发展养老服务业的意见》中第一次明确"养老服务"概念，我国居家养老服务被提上日程。2008年，民政部等部委发布《关于全面推进居家养老服务工作的意见》，我国开始全面推动居家养老，服务内容更加细化，包括生活照料服务、家政服务、康复护理服务和精神慰藉服务等。

（五）快速发展阶段

第五阶段，2011 年至今，是养老服务政策快速发展阶段。2011 年，国务院办公厅出台《社会养老服务体系建设规划（2011—2015 年）》，我国养老服务产业化正式启动。2012 年，国家颁布《中华人民共和国老年人权益保障法》，它是养老服务体系发展的制度保障。2012 年，党的十八大报告提出积极应对人口老龄化，大力发展老龄服务事业和产业。2013 年，国家提倡拓宽民间资本发展养老服务业。2014 年，各个省份养老服务试点工作逐步展开，关于养老服务的相关政策密集出台，老龄产业快速发展，政策覆盖面越来越广。2016 年，是各地方养老产业政策出台最多的一年，关于行业监管、投资融资、人才培训、医养结合等诸多方面的政策均已出台。同年，中共中央、国务院印发并实施提出《"健康中国 2030"规划纲要》，国家政策更加关注医养结合、健康老龄化方向。2017 年，国务院颁布《关于印发"十三五"国家老龄事业发展和养老体系建设规划的通知》，国家卫健委等十三部委联合发布《关于印发"十三五"健康老龄化规划的通知》；从 2017 年 12 月到 2018 年 10 月，国家质检总局、国家标准局、卫健委和住建部，先后颁布了《养老机构服务质量基本规范》《食品安全国家标准老年食品通则》及《老年人照料设施建筑设计标准》；2019 年，国务院办公厅下发《关于推进养老服务发展的意见》，国务院办公厅下发《关于建立健全养老服务综合监管制度促进养老服务高质量发展的意见》；2021 年，民政部办公厅、财政部办公厅下发《关于组织实施 2021 年居家和社区基本养老服务提升行动项目的通知》；2022 年，民政部办公厅、财政部办公厅下发《关于做好 2022 年居家和社区基本养老服务提升行动项目组织实施工作的通知》；2023 年，中共中央办公厅、国务院办公厅印发《关于推进基本养老服务体系建设的意见》。

第三节　当前我国养老服务模式创新

当前我国养老服务的模式创新，有如下几个方面：

一、保险养老社区模式

保险养老社区模式在发达国家已经形成比较成熟的规模和体系，随着空巢老人数量递增，中国寿险公司开始投资养老社区，这符合市场高品质养老的需求，也为寿险公司增加了赢利渠道。目前，已有多家保险公司对不同的养老社区进行了投资，包括泰康人寿、合众人寿、中国人寿、中国太平等，比较有代表性的是泰康人寿和合众人寿，在多地都有养老社区建设运营。虽然在管理理念和运营模式上都借鉴国外经验，但两者的产品定位有所不同：合众人寿注重国内外联动发展；泰康人寿则定位于高端人群，注重保险与医疗、养老相结合。

二、智慧养老模式

随着大数据、云计算等科学技术的融入，新兴养老模式涌现，智慧养老模式是以信息化的方式通过互联网、物联网，建立多渠道的立体化服务平台，联通居家养老、社区养老、机构养老，使老年人的生活更加高效化、快捷化、低成本化的养老模式。应用信息技术对养老服务资源进行整合，让老年人体验多方位、全时间、多领域的养老服务。在家庭结构小型化、社会竞争严峻、家庭照料资源可获得性降低的情况下，居家老人的养老需求通过智慧养老模式可以得到有效满足。通过智慧养老模式（一部手机、一个信息系统、一套感应设备）可以掌握老年人的所有信息情况，特别是对于空巢老人、失能老人，子女、社区志愿者、机构护理人员能够了解老年人的实时情况，更为便捷化。老年人的养老风险降低，生活安全化、人性化智慧养老模式联通了民生服务网、养老设备终端、企业电子服务平台、呼叫中心、养老服务热线、智能手机App、微信公共平台等，使管理效率最大化，老年人服务更为便捷化。国家民政部门、社区服务平台、健康管理中心同时共享数据包括老年人的基本情况、健康情况、养老保障情况等。随着大数据时代的来临，智慧养老模式将成为养老服务行业的趋势。

三、"互联网+"养老模式

信息化时代早已来临，目前我国中老年人，特别是在40~60岁区间的中老年人已经或多或少地学会了智能手机的使用。这个年龄段的老年人很多处于刚刚退休的状态，他们的子女又基本处于生育期，很多中老年人与年轻人家庭居住不在一处，有的处于异地。由于生活压力，孙子女经常需要这部分中老年人照看，这种需求迫使很多中老年人学会了使用智能手机上微信的图片功能、语音功能以及视频功能。通过走访了解到，老年人经常通过微信阅读推送消息，且特别关注微信上养老保健以及运动养生内容，该群体也在逐步建立老年人的"朋友圈"。另一面，对于老年人来说，电子设备和"互联网+"的形式已经融入生活的方方面面，医疗保健设备计步手环、心跳检测手环、家庭监控摄像头等都可以通过连接老年人或者子女的智能手机，从而实现对健康状况的管理和检测。

另外，我国当前电子信息平台已经与社区和养老机构联合，居住家庭和机构床位实现线上连接，一旦有需求，便可通过互联网迅速作出响应。我国也在逐步打造"智慧养老"的养老模式，通过家庭、社区、养老服务机构、家庭服务平台实现老年人需求实时对接。全面收集老年人健康信息、慢性病情况、养老需求情况，为养老服务业的前瞻式研究提供基础数据支撑。同时，通过平台对社区内居民进行统计，统计后随着年龄的增长可以在系统中直接变更为老年人档案，按照"分类建档、分层服务"的原则，减少了数据的二次收集。实现老年人养老服务需求与养老社区、养老机构、家政服务等供给平台对接，实现老年人服务消费和健康信息管理，实现老年人互联互通，实现失能、半失能老年人电子呼叫与监控设备实时连接。

四、医养结合养老模式

所谓医养结合养老模式，就是将医疗与老年人养老结合在一起。我国老年人慢性病患病率很高，同时需要照护的长期患病老年人也很多，特别是老龄化进程加速，老年人口数量增加，老年人对医疗和养老的需求都在不断增加。推进医养结合，构建居家养老与医疗相互融合的服务模式；鼓励医院增加与养老院之间的双向绿色通道；引导综合医院专业医生对定点养老机构进行疾病监控和用药指导，支持综合医院专业医生在社会开展疾病知识讲座、健康管理系统学习；建立养老服务机构与医疗、国医堂馆、社区服务中心、养生机构长期稳定的契约合作关系，通过医疗资源整合，更好地为老年人进行养老服务。省医保、市医保、农村合作医疗与我国相对应社区机构的衔接与融合是我国医养结合养老模式发展的关键，这可以从根本上减少老年人看病的经济负担。

五、候鸟式养老模式

我国地大物博、资源丰富，有丰富的旅游资源，并且我国地域特点存在南北方气候差异。例如在我国的北方地区，冬天天寒地冻、零下 20 甚至 30 摄氏度的低温，对于很多老年人来说，冰雪造成的湿滑、严寒天气不适合老年人出行。这种情况下，老年人可以去以海南省为代表的南方地区养老，可以放松身心。同时，南方夏天高温炎热，南方老年人可以在夏天去相对来说不太炎热的北方避暑，这样的养老方式可以实现优势互补。

目前我国有部分机构已经开始尝试候鸟式养老模式，有的是以社区公寓的形式，有的是以连锁养老的形式，同时还有养老机构联合老年人旅游的形式。

这些既满足了老年人的精神文化需求，又增加了老年人的乐趣。当前很多养老机构都在积极探索"旅游养老""景区养老"生态养老""田园养老""休闲养老""候鸟式养老"等新型养老方式。

六、以房养老模式

以房养老模式由发达国家的养老地产衍生而来，老年人选择这一养老模式的主要原因有以下几个方面：首先，老年人最看重的是地产社区或者周边配备的医疗资源，是否配备优质的医疗人员和先进的医疗设备，能否享受到良好的护理和医疗服务。第二，老年人能得到什么其他服务，如安全保障服务、居家照料服务等。第三，养老社区的轻松环境和活动参与。由于养老地产的价格，在很大程度上将经济水平不同的人群进行了分类，保证了经济水平相当的老年人在价值观和沟通相处中几乎处在同一水平，能够进行更和谐的社交。

第四节　当前我国养老服务存在问题

人口老龄化必将伴随着整个 21 世纪，我国近几年发展养老服务业力度较大，成效也很显著，但在总体上仍然属于初步发展阶段，加快发展养老服务业，满足全社会老年人日益增长的多元化需求已经势在必行。"社会福利社会化"政策实施，政府、企业、社区、家庭和各种组织都在积极参与养老服务业，正逐步向市场化和产业化的方向发展。经过几年的探索，虽然取得一定的阶段性成果，但就需求来说，还难以满足，并且养老服务业发展严重滞后于巨大且快速增长的老年消费群体需求，与全方位、多样化、高效率的服务需求相比，更是存在较大差距。当前我国养老服务业存在的问题主要有如下几个方面。

一、养老服务业供需不匹配

针对老年人各种各样的需求形式，目前市场的供给远不能满足。特别是在涉及医疗相关的养老领域，随着老年人生活自理能力下降，老年人患有慢性病概率增加，或者说是由于患有慢性病的老年人更容易导致其生活自理能力水平不足，老年人生活自理能力下降与患有慢性病通常情况下是并发的。供需不匹配表现在养老的很多方面，在医疗资源、公共服务供给、精神需求以及老年人就业等诸多方面都有所表现。

在医疗资源上，虽然我国已实施分级诊疗、药品零差价，但是技术水平高的医生和先进设备还是集中在发达城市。医疗资源分配不均问题仍十分严重，仍存在百姓"看病难"的问题。首先，在长期照护上，我国现存照料床位数与所需不匹配。很多养老机构由于地理位置、资源配备等原因空床率相当高，缺少有效资源整合，而一部分设备资源相对完善的养老机构床位供不应求。

在老年人精神需求、社会参与以及心理健康照料上，供需不匹配现象也很严峻。我国大部分老年人在精神慰藉上或多或少存在部分缺失，这与我国精神建设息息相关。特别是很多农村老年人，生活照料尚未得到解决，更不要讲精神层面需求。在西方发达国家，精神层面照料在很大程度上能够帮助老年人养老健康发展。国家、政府、机构对于心理问题虽然已足够重视，但是从事心理健康问题的专业人员与其他行业人员相比还是少之又少，所以目前我国严重缺失心理健康专业从业人员。

在老年就业上，老年人力资源开发情况也不容乐观，受到法制和传统思想限制，很多子女由于担心老年人身体健康状况，往往导致老年人再就业发展缓慢，有再就业需求的老年人，由于国家法律法规政策限制，找不到合理又正确的老年人才储备和就业机构。有一些迫切希望就业的老年人更是存在虚报年龄、谎报身体状况的情况，工作中一旦有紧急状况发生，也没有很好的解决方案和法律保障，这使用人机构在老年人再就业上存在一定的排斥心理。这种矛盾也在一定程度上加大了老年人再就业供需不匹配的现状。

二、养老服务业核心服务功能定位不准

社区的很多养老服务工作主要依托于政府，但政府投入资金有限，导致服务功能不完善。同时，由于资源和资金有限，有些区域根本无法覆盖，一些核心服务功能也定位不准确。社区居家养老是符合现阶段我国国情以及大多数老年人意愿的一种养老方式，虽然很多城市都已实施社区居家养老服务站全覆盖，部分社区还建设了日间照料中心，但绝大多数社区养老设施的服务功能并没有发挥出来，也没有真正把老年人需求与社会组织提供服务对接起来。社区未登记运营的小型养老机构管理瓶颈一直没有得到突破，安全隐患突出。此外，农村居家养老服务往往形式单一且覆盖面很小。

对于核心功能的定位往往需要专业养老人员配合，目前养老服务人员严重不足且素质偏低，我国养老服务业虽然快速发展，但仍处于粗放型发展阶段，养老服务机构和服务专业化水平较低。一是养老服务人员严重不足。我国入住机构老年人与养老护理员的比例目前为 12∶1，养老服务人员缺口相当大。二是养老服务人员素质普遍偏低。目前养老护理员多是下岗失业、进城务工、城乡低保户或边缘户人员，这些人员年龄偏大、素质偏低，缺乏基本的护理知识和专业技能。三是养老护理人员工资待遇太低，导致专业人才匮乏，养老服务缺乏专业化。这些养老护理人员素质和整体水平的改善会为我国养老服务业发展带来新的生机。

三、养老服务业的发展机制与扶持政策不完善

我国养老服务业的发展机制和扶持制度还不完善。在欧美一些发达国家，已经建立了全面的老年照料评估体系，其中包括老年人、养老机构的评估，这

样更利于找到针对个体的、适合老年人的养老方式，而现阶段我国老年照护体系尚缺乏具体的评估标准。

另外，养老政策碎片化，缺少有效整合。目前全国各地都在大力发展养老服务产业，也相应地出台了一些国家层面以及地方层面的具体政策，但针对养老服务产业发展，各项政策呈现出碎片化的态势，不仅缺少政策间的一致性与协调性，还缺乏政策的真实性和时效性，严重制约了养老服务产业的规范化发展。例如各试点城市对于"长期护理保险"的名称和方案都不太一致。涉及养老服务工作的政府部门包括民政、商务、发改委、社保、医保等，存在部门间政策交叉、重叠的现象，造成了政策碎片化的局面。

四、农村家庭老年人照护体系不足

在家庭照护资源的获得上，不同年龄阶段的老年人家庭照护服务资源获得情况存在差异性。特别是农村老年人，大部分子女都选择去城市打工，老年人留在农村务农或者在家养老，家庭照料资源获取存在差异。在家庭照料角色中，配偶是家庭老年人照料主体，在老年人家庭照护体系中起到重要作用。在城乡差异上，城市中有配偶老年人的比例高于农村老年人，所以城市老年人的照料资源获得相对容易，而农村老年人家庭照护资源获得程度低。

另外，农村失能老人、半失能老人比例大，子女不在身边的农村老年人数量多，老年人身体状况一般。农村的医疗卫生条件相对没有城市好，医疗设备没有城市齐全，医疗水平也没有城市高，所以，农村老年人依靠家庭实现照护的比例更高。但由于我国长期实行计划生育政策，导致家庭结构发生转变，家庭人口规模不断缩小，家庭的养老功能、照顾功能日趋弱化，难以形成家庭照护，家庭照护体系明显存在不足，农村社会照护体系不健全现象严重。

五、养老服务专业照护人员短缺

养老服务专业照护人员短缺，护理员供需不匹配情况明显，对于失能老人、半失能老人护理员需求程度更大。但是，目前养老护理员没有形成统一的从业资格标准和服务标准，市场上大多是"4050"人员，从事养老护理的相应人员整体素质普遍不高，没有专业的护理技能，更缺少多元化、精细化的服务意识。在人员建设上，健全养老服务培训标准的需求越来越明显。养老专业服务护理中，缺少对于护理人员护理知识、专业技能、服务态度的系统培训。缺少多角度、多深度的人员激励政策来有效鼓励更多人员从事养老护理工作，还缺少专业养老服务培训机构，缺失细致化的养老相关学科建设和培训，缺少养老照护与其他行业融合的相关人才建设。同时，老年人属于易敏感人群，特别是老年人退休后，退出原来社会工作舞台，容易形成孤独感、不安全感、不幸福感等情绪，缺少相应的专业人员疏解老年人的不良情绪，解决老年人的心理问题。

第三章

//

促进中国式现代化进程中的养老服务

党的二十大报告提出，以中国式现代化全面推进中华民族伟大复兴。开启中国式现代化新征程对增进民生福祉、提高人民生活品质的关键领域也提出了更高要求，要求紧紧抓住人民最关心最直接最现实的利益问题，坚持尽力而为、量力而行，深入群众、深入基层，采取更多惠民生、暖民心举措，着力解决好人民群众急难愁盼问题，健全基本公共服务体系，提高公共服务水平，增强均衡性和可及性，扎实推进共同富裕。这些工作要求都是推动高质量发展、构建新发展格局的重要部署，也是应对新时代人口结构变化所带来民生问题的关键举措。

第一节　中国式现代化进程要求养老服务升级

2000年，我国60岁及以上人口占总人口比例达到10%，65岁及以上人口占比达到7%，标志着我国正式进入人口老龄化社会。至今已逾24载，在此期间，以老年群体为服务对象，以生活照护、专业协助、健康护理、精神慰藉等服务形式为依托，以满足生活、精神等方面需要为目标的养老服务业也迎来新的发展机遇，成为惠民生、保基本、促福祉的重要实践。新时代推动人口高质量发展，不仅体现了中国式现代化是以人民为中心的现代化，也回应了人口规模巨大和老龄化程度加速的挑战。而养老服务业作为推动人口高质量发展的重要部分，促进其高质量发展成为中国式现代化进程中的新趋势。

2021年年底，《中共中央国务院关于加强新时代老龄工作的意见》明确指出，"有效应对我国人口老龄化，事关国家发展全局，事关亿万百姓福祉，事关社会和谐稳定，对于全面建设社会主义现代化国家具有重要意义"。自党的十九届五中全会将实施积极应对人口老龄化上升到国家战略以来，让老年人生活安心、舒心、顺心、放心，确保养老服务的高质量，既是新时代我国老龄事业的发展目标，也是中国式现代化下探索中国特色养老服务的新趋势与积极应对人口老龄化道路的重要实践。但由于需求变化、区域差距等因素的限制，养老服务业的发展热点呈现出纷繁复杂的特征，什么才是有价值、高质量、可持续的趋势引发社会各界的关注与讨论。

现代化是一个全球性的进程，几乎所有的国家和地区都在向不同的现代化阶段过渡；现代化也是一个全方位的过程，体现在人民生活所需方方面面的新趋势。在党的十九届五中全会上，习近平总书记深刻阐明了中国式现代化的五方面特征，强调这些特征都要在我国发展的方针政策、战略战术、政策举措、工作部署中得到体现。我国人口老龄化程度的加深，对中国特色社会主义现代化建设有深远的影响，有效应对人口老龄化在建设中国式现代化进程中具有重要的地位。同时，中国式现代化关于人口结构、共同富裕、老龄事业等领域新主张的提出，对新时期养老服务业的发展具有重要的理论和实践指导意义。

在人口规模巨大的社会现实和人口老龄化观念的双重导向下，养老服务现代化成为当代中国养老发展新趋势的不二选择，中国式现代化的本质要求和重要特征也成为养老服务业的"放大镜"与"风向标"，为当下养老服务的全面发展规划出重要的发展路径，从而推动新时代的养老服务业抓住关键热点、挖掘发展潜能。同时，发展现代化养老服务业也应牢牢把握国家发展整体格局下的热点革新，如尊重人口规模巨大的现代化首要特征，认识到其背后所孕育着的巨大市场空间和消费潜力，以共同富裕为抓手，助推养老产业成为国内经济增长新动能。又如明确健康、智力和精神是人口高质量发展的重要维度，通过推动老龄人口健康素质的持续提升、转变养老观念和重视银发人才红利的挖掘来实现全龄人力资本水平的维护。

第二节　中国式现代化进程中养老服务发展新趋势

在中国式现代化的进程中，养老服务也面临着现代化，在理念和实操等方面发生着巨大的变化，呈现出与传统养老服务不一样的趋势。

一、养老服务业呈现出事业与产业双重属性的特征

人口老龄化危机，有"危"也有"机"，但是更多的"危"在事业，更多的"机"在产业。无论是从国际实践经验还是国内应对老龄化的现实需求来看，有效激活市场资源，发展高品质养老产业是未来老龄化社会的必然趋势。2022年中央经济工作会议首次将养老服务列为三大重点消费领域之一，这充分说明养老服务业不只是事业，也是更大的产业，养老服务不应局限于传统的机构和社区养老服务，而应包括以满足老年人生活需求为目标的一系列经济活动。养老服务产业的出现不仅以群体性需求为基础，也是经济增速变缓挑战下开发经济现代化新动能的必然选择。养老服务产业的发展必将带动房地产业、制药业、保险业、旅游业、教育业、娱乐业等其他行业的发展，也将吸引大量

的投资资金，加速资金流转。养老产业的范围之广，吸纳就业能力之强，除了扩大传统的养老护理人员和后勤服务人员需求，还有很多新兴职业如老年服务产品经理、智慧养老平台运营官等伴随养老产业发展而出现。

二、养老服务应该从消极养老向积极养老转变

实施积极应对人口老龄化国家战略是实现中国式现代化的重要支撑，也是重要保障。党的二十大报告提出，要实施积极应对人口老龄化国家战略，实现中国式现代化，就必须走出一条中国特色积极应对人口老龄化的道路。养老服务不应是消极的照顾和护理，而应该是积极促进老年人身心健康和社会参与的享老，这意味着更加重视老年人的个体需求，尊重老年人的意愿和选择，同时给予老年人更多的自主权和参与社会活动的机会。落实在新时代的养老服务业发展路径上，主体的行为观念与外部的服务支持要从"生活必需型"向"享受型""发展型""参与型"转变。积极观念的萌发将极大地督促未来的养老服务业向"享受""参与"发展，注重精神文化层面和娱乐层面的转型，催熟已渐渐兴起的老年大学、老年社团、社区文化角、老年主播等产品与服务，和还处于设计研发阶段的老年电子产品、信息消费 App、信息体验项目等新兴赛道。

三、养老服务从被动医疗到主动健康转变

从人类社会应对人口老龄化经验来看，健康老龄化是最经济、最实惠、最有效的手段。传统的健康理念，包括医养结合，其实大都停留在被动健康上，即老年人在生病后接受医疗机构的诊断和治疗。这固然能够通过医疗干预和药物治疗来处理突发性的疾病，解决救急难的问题，一定程度上为其健康保驾护航，但仅仅依靠医疗机构短期和单次的服务，会限制老年人健康素质的整体提升，也是对医疗资源的一种隐性浪费。与传统的被动医疗不同，主动健康的养老方式主要关注疾病的预防，从而避免出现疾病和病态的情况。注重从饮食、

锻炼、养生保健、环境健康和心理健康等多方面着手，从而构建一个有效的预防体系，帮助老年人更好地掌握自己的健康状况并采取积极的行动，从维护角度入手保障老年人的健康。

四、养老服务中老年人从消费向提供服务转变

传统养老服务包括助餐、助洁、助浴、助医、助急等，都是以老年人为服务对象，以满足老年人的需求为主，一定程度上提高了老年人的生活质量，保障老年人的健康和幸福。随着生活品质的提升以及医疗科学的进步，人类预期寿命得到延长，初步进入老龄生理界限的低龄老年人健康素质较以往也有了显著提升。更多老年人具备较高的文化素养和知识储备，能够在传播知识、传承文化和推动社会进步方面发挥积极作用，老年人在一定程度上也可以发挥其作用，服务于其他老年人。老年人之间心灵距离最短，在某些领域，老年人的服务更具效果，在提供精神关爱和非常规、临时性服务方面具有独特优势，新养老服务业应以促进老年人全面发展为根本目标，建立"老年人不只是被动接受服务的客体，也是主动提供服务的主体"的服务信念，充分发挥老年人的价值和作用，这是积极老龄观的应有之义。

五、养老服务从社会服务向社会治理转变

我国现有养老服务，如适老化改造、智慧养老平台等，旨在满足老年人的生活照料、医疗护理、康复养护等基本需求，提升老年人个体晚年生活品质，增强社会的凝聚力和稳定性，取得了一定的社会效益。在当代中国社会服务体系的合理搭建中，养老服务占据了重要的位置，回应着老年群体基于权利对政府的合理要求，同时，养老服务也可增加多个行业的实际利益。在充分认识养老服务作为社会服务对完善社会保障体系、提升群体福利重要作用的同时，也应意识到养老问题不能以单一的视角来看待、以简化的策略来解决，应将养老

服务视为一种社会治理的手段和策略。因此，养老服务问题是一个涉及政府、市场、社会、家庭和个人等多方责任主体的系统工程，发展养老服务业，转变传统的、单一的养老服务模式，不能就养老服务讲养老服务，而要从社会治理共建、共治、共享高度来统筹协调推动，也就是老龄社会治理。

第三节　中国式现代化进程对养老服务的发展要求

在中国式现代化进程期间，全国老年人口将突破3亿，从轻度老龄化迈入中度老龄化，养老服务发展将接受更大的挑战和考验，对社会养老服务提出了新的更高要求。推进中国式现代化，要实施积极应对人口老龄化国家战略，促进社会养老服务供需均衡，为解决社会养老服务这一世界性难题提供中国方案指明了方向。

一、积极促进中国式现代化养老服务业发展

中国式现代化进程明确提出"积极开展应对人口老龄化行动"。养老服务发展从"长期战略任务"到"行动"再到"国家战略"，凸显了国家对人口老龄化形势严峻性以及积极应对意义的认识深度和高度。人口老龄化问题是考量中华民族伟大复兴战略全局和世界百年未有之大变局时绕不开的因素，及时、科学、有效应对这个问题，将充分展示我国的道路、理论、制度和文化优势，成为正向和确定性助力因素。反之，则可能成为负向和不确定性风险因素。而且，不能把老龄人口看作包袱，老年人除了具有人生经验和人力资源价值，在促进消费、扩大就业和产业发展中潜力无限。要大力发展"银发经济"，激发生产力，促进经济发展。因此，积极应对人口老龄化，发展养老服务业，对加快构建以国内大循环为主体、国内国际双循环相互促进的新发展格局也具有重要意义。

二、深刻认识关于养老服务的定位和分类

深刻认识"支持家庭承担养老功能""健全基本养老服务体系，发展普惠型养老服务和互助性养老""推动养老事业和养老产业协同发展"和"培育养老新业态"，这个分类和定位符合中国式现代化的基本国情。对于加快发展现代服务业部分，提出了"推动生活性服务业向高品质和多样化升级，加快发展健康、养老、育幼、文化、旅游、体育、家政、物业等服务业，加强公益性、基础性服务业供给"，将养老服务作为现代服务业中生活性服务业的重要部分，明确发展方向是高品质和多样化，重点是公益性和基础性。对于"健全多层次社会保障体系"部分，提出了"稳步建立长期护理保险制度""健全老年人、残疾人关爱服务体系和设施"，将为老年人支付和享有养老服务提供重要资金和物质支撑。

三、以中国式现代化进程为抓手落实养老服务决策部署

在中国式现代化进程中，"推动互联网、大数据、人工智能等同各产业深度融合""推进服务业标准化、品牌化建设""加强事中事后监管，对新产业新业态实行包容审慎监管"等机遇，达到"精准识变、科学应变"的要求，加快推进养老服务信息化智能化进程及养老服务规范化标准化建设。同时，要牢牢把握养老服务的总目标、总任务。贯彻落实"2035年实现中国特色养老服务体系成熟定型，全体老年人享有基本养老服务，构建居家社区机构相协调、医养康养相结合的养老服务体系"的目标要求。

第四节 中国式现代化进程下完善养老服务的基本措施

要针对养老服务的需求进行调查，了解养老服务的基本情况，为解决当前

我国养老服务体系的供给问题提供参考。在中国式现代化进程中，推进社会养老服务供需平衡，不仅包括供给与需求的整体平衡，还包括动态的结构性均衡，建议从养老服务供给结构、资金引入、补齐发展短板、人才保障等方面，明确养老服务产业发展方向。

一、以需求为导向优化中国式社会养老服务供给结构

目前养老服务供需不平衡的主要原因是未对老年人的需求进行科学合理的评估。在整体上未做到以需求为导向，供需较为粗放。解决供需结构不合理的问题，需要对症下药，加大供给侧改革。具体而言，一是要建立需求评估体系，对老年人的需求进行跟踪评估。根据健康状况和居住情况对老年人进行分类，尤其是对失能、失智老人，以及空巢独居老人等进行重点关注。对不同状况老年人进行精准定位，制订适宜的服务计划，提供个性化服务。精准评估服务效果，建立反馈机制，引导养老服务精准化发展。在居家养老服务上，可以加大适老化设施的投入，提供不同需求层次、多样化的养老服务，以满足老年人的差异化需求。二是建立明确的养老机构分类管理制度。实际上公办养老机构作为政府履行公共服务职能的载体，其职能是保基本、托底线，服务对象应该为"三无"、"五保"、高龄失能、经济困难的特殊老年群体，但目前公办养老机构定位不准，对收住的社会老年人没有明确的身体状况、经济状况的界定。应该尽快明确公办养老机构的定位与服务对象标准，从身体健康和经济条件两个方面来界定入住公办养老机构的基本条件。三是提高支付能力。民办养老机构入住率低，主要由于民办机构多位于郊区和农村等地方，基础配套设施并不完善。在支付意愿方面，老年群体的退休收入难以支付养老机构高昂的服务费。因此，政府应从保障养老金的购买力着手，将基本医疗保险纳入养老服务提供过程中，充分发挥医疗保险政策的作用，减少相关支付。四是完善政府购买服务的资金补贴制度，优化补贴项目，让老年人得到实实在在的收益。在

消费观念上，要进行养老价值导向的引导，纠正消费观念误区。

二、以政策为指引搭建多元化社会养老服务支持平台

其一，构建多元化的社会资本支持方式。社会资本的注入方式可以通过发展养老旅游、养老医疗等多种途径，进一步拓宽社会资本参与养老服务业的范围和领域，同时利用国家财政、税收及补贴支持，解决好社会资本参与养老服务业的经济回报问题。其二，构建养老服务业评估机制。将"软服务"设立为"硬标准"，要以完善养老服务标准、提高养老服务质量、树立服务形象为抓手，建立起可操作、可评价、可长期有效运行的养老服务体系考核评价标准。大多数地方政府在理念上也更倾向于让社工提供"看得见"的针对老年人个体的服务，比如心理慰藉、健康管理、巡视探访等，这些服务更便于监管考核。要建立不同的服务评价机制，量化服务人员的服务质量，做到信息公开，服务评分有对比，通过有效的机制落实避免出现高额的养老服务费用与低劣的养老服务质量的反差。其三，发挥政府引导市场驱动作用。深入推动政府和社会资本合作，发挥市场在资源配置中的决定性作用，营造公平竞争的市场环境，鼓励各类市场主体参与养老服务项目，逐步使社会力量成为养老服务领域的主体。减少对社会资本投入建设的过度干预，政府重在引导，适当放开对社会资本的管制，有利于提高社会资本参与养老服务建设的积极性，增加市场活力，将其主观能动性最大化。

三、以市场为引领完善多层次社会养老服务格局

其一，要加快发展居家社区养老服务产业。面对急剧增加的社区居家养老服务供需矛盾和日趋复杂与多元化的社区居家养老服务，仅由地方政府进行单边公共服务显然不够，这就必须依赖政府、企业、社区组织、社会团体、居民等利益相关者合作共同治理。政府提供大部分的公共设施、公共服务，企

业介入引入市场，提高养老服务的效率以及多元化养老服务。社区组织参与区域公共生活，对社区基础设施进行维护，使公共服务进一步提升，增加社区的福利。弥补政府提供的居家社区服务中的资源不足等问题。通过多元主体的合作，促进居家、社区养老服务市场化、专业化、社会化、规模化。其二，要加快中端、专业型护理机构的发展。打造"低端有保障、中端有市场、高端有选择"的多层次养老服务格局。培育一些小型的养老服务机构，遍布范围广，规模不大却能满足基本的康复照护需求。同时，推动医养结合进程，实现养老机构与医院、护理中心进行合作，将医护资源引入养老机构，推进中端、专业型护理机构发展，满足老年人的刚性需求。其三，进一步开拓老年文化娱乐消费市场。挖掘老年旅游、老年教育、老年健身等领域的需求，对老年人的文化娱乐消费实施优惠、提供便利，促进老年人消费。还可以通过不断创新养老文化娱乐产品，实行差异化定价，满足不同层次老年人的需求，促进老年文化娱乐消费市场快速发展。

四、以内涵为目标加大社会养老服务专业人才培养

壮大社会养老服务专业人才规模，提升人才素养和内涵。其一，要制订科学合理的社会养老服务人才培养计划。从我国实际出发，与多元化的养老服务需求相结合，并考虑当前社会保障体系、服务设施建设，从更加长远的角度对我国养老服务人才培养进行规划。建立国家养老服务业的统一标准，实现对理论和技能的双重考核。其二，制订社会养老服务人才激励计划。在养老专业人才管理上，社保部门要加快建立养老从业资格鉴定与考核，将从业者学历、个人业绩、主要贡献和业务能力等要素考虑进来，构建与工作相对应的薪酬保障体系。为提高养老服务人员的职业满意度和社会认可度，要加大福利和津贴的投入，提高养老服务人员的工作待遇，引导更多有志之士加入。其三，加大对社会养老服务复合型人才的培养。一方面进行人才梯队建设，可以将养老机构

和社区养老机构作为养老服务理论和实践培训的主要阵地，教授专业知识和管理技能，实现养老服务领军人才的培养。让这些接触到先进经验和技能的领军人才进行发散式学习。另一方面走多元化培养道路，在课程体系上，可以将基本照护、健康管理、沟通协调、机构运营等作为培养目标，进行全方位综合素质的培养。

第四章

//

"品质养老"背景下沈阳市养老服务调查

沈阳市是东北中心城市,是国家重要的重工业城市。由于产业结构的原因,沈阳进入老龄化社会要比全国其他地区更早,因此,推进沈阳市养老服务业发展更加迫在眉睫。基于此,沈阳工程学院研究团队在沈阳市"品质养老"民生工程实施的背景下,就沈阳市养老服务情况开展了专项调查研究(调研数据见附件一),对沈阳市养老服务的基本情况做了深入的了解,为沈阳市"品质养老"民生工程更好地实施积累第一手调研素材。

第一节 品质养老的基本内涵

随着我国经济社会的发展,各项工作向高质量发展推进,养老事业也不例外。随着老年人对养老服务的要求越来越高,养老服务也从原来的基本养老向品质养老转变。

一、品质养老的含义

"品质"是一个复合词。其中,"品"的意思是等级,通常代表是否够层次;"质"的意思是产品或工作的优劣程度。品质往往是指产品或者服务的好坏。

根据"品质"一词的词义,可以推导出"品质养老"一词的大意。所谓"品质养老",顾名思义,就是有档次、优质的养老,具体来说就是高层次的养老。与基本养老相比,"品质养老"着重强调以下几点:

第一,与基本养老相比,"品质养老"的目标不同。一般来说,基本养老往往只是满足老年人养老所必需的生活资料,包括老年人的住处、老年人的食品、老年人生活的基本照料,等等,是传统意义上的养老服务,只保证老年人的生存。但"品质养老"不同,与基本养老相比,"品质养老"显然有着更高档次的追求。概括地说,"品质养老"不单单满足老年人养老所必须需生活资料,还要让老年人的老年生活过得舒适幸福,不仅仅要保证老年人的生存,还要保证老年人有一定的生活质量。

第二,与基本养老相比,"品质养老"的定位不同。从养老服务的目标来看,基本养老只是为了让老年人能够正常地生存,而"品质养老"是让老年人能够幸福地生活。不同的目标造成了养老服务不同的定位。可以这样理解,基本养老是面向老年群体的粗犷式的养老方式,是一种面向老年人基本需求的养老,是普遍意义上的养老。与基本养老不同的是,"品质养老"是服务于具体老年人的具有针对性的养老方式,是具有私人定制意义的养老,是一种差异化的养老。不难看出,"品质养老"是服务更为细腻的养老,同时也是更高层次的养老。

第三,与基本养老相比,"品质养老"的投入不同。一般来说,基本养老作为基础的民生工作,其投资具有普惠性,往往是针对老年群体的投入,通常投资量虽然大,但由于受惠群体多,因此落实到个人身上的投入并不多。"品质养老"是针对个人需求的养老服务，可以满足个人更多的需求，因此投入普遍要高于基本养老。也就是说，与基本养老相比，除了提供基本的生存资料之外，"品质养老"还要给予老年人更多的服务，而且这些服务是针对老年人个体的个性化服务，这就使得"品质养老"的投入要远远大于基本养老。

二、"品质养老"的特点

与基本养老相比，"品质养老"有其自身独特的特点。具体来说，"品质养老"有以下几个方面的特点。

（一）"品质养老"具有多元化的特点

"品质养老"是高层次的养老服务，拥有丰富的内涵，具有多元化的特点。具体来说，"品质养老"多元化的特点，可以从以下三个方面来理解：其一，"品质养老"的主体是多元化的，也就是说，"品质养老"不单单是家庭的事情，也不单单是政府的事情，在"品质养老"实施的过程中，政府、家庭、机构均可以成为养老服务的主体，也可以协调合作，为提升养老服务的品质共同努力。其二，"品质养老"的服务内容是多元化的，也就是说，"品质养老"不仅仅包含基本养老的内容，包括基本饮食、基本起居、基本医疗等，同时，也包括提高老年人幸福体验的内容，包括老年人的心理疏导、老年人的运动设施、老年人的具体活动等。其三，"品质养老"的服务模式是多元化的，也就是说，"品质养老"的服务模式并不拘泥于某一个具体的服务模式，而是根据每个老年人自身的情况，将养老服务模式差异化，目前来看，"品质养老"的服务模式除了居家养老、机构养老等基本养老模式以外，还有候鸟式养老模式等多种创新的养老模式，这些养老模式因人而异、因地制宜，很好地为不同的老年人提供了差异化服务。

（二）"品质养老"具有针对性的特点

"品质养老"是高层次的养老服务，并不是粗放的养老模式，具有针对性的特点。具体来说，"品质养老"针对性的特点是"品质养老"重要的标志。不难理解，对于不同的老年人来说，养老服务需求是不同的，比如有的老年人有医疗方面的需求，而有的老年人有心理方面的需求，有的老年人只有精神生活方面的需求，因此，对于不同的老年人来说，服务项目也是不同的。所以，"品质养老"的内容不可能是千篇一律的，而是要根据不同的老年人，针对不同的服务对象，给出不同的服务方案和服务措施，提供差异化服务，来满足每个老年人对于养老服务的不同需求。

（三）"品质养老"具有发展性的特点

"品质养老"并不是一成不变的，而是不断发展的，具有发展性的特点。具体来说，"品质养老"发展性的特点也是养老服务不断升级的重要表现。随着经济社会的不断发展，老年人群体的需求也是不断发展的。在很多年前经济发展相对迟缓的情况下，老年人的养老服务需求更多地集中在物质上。随着经济社会的发展，在物质相对保障的情况下，老年人的养老服务需求更多地集中在精神上。这就要求"品质养老"要根据老年人的不同需求不断发展丰富，由此可见，和基本养老不同，"品质养老"要求的是养老服务水平的不断提升，不断提升老年人的幸福感。

三、"品质养老"的标准

目前来看，"品质养老"还是一个比较宽泛的概念。在这种情况下，对于"品质养老"来说，并没有系统的、固定的标准。因此，在开展"品质养老"服务中，有以下几个方面可以作为"品质养老"的基本标准，来规范和评价养老服务的品质。

（一）舒适的居住设施

舒适的居住设施是养老服务重要的物质基础，"品质养老"需要舒适的居住设施。对于"品质养老"来说，舒适的居住设施非常关键。很多老年人行动不是很方便，居住场所往往是老年人重要的活动场所。因此，舒适的居住设施对于老年人的生活质量影响很大。显然，老年人需要舒适的居住设施，因为舒适的居住设施可以愉悦老年人的身心，同时方便老年人的照料。目前来看，对于舒适的居住设施的要求，包括宽敞的房间、较好的采光、较好的供暖、完善的设施，等等。当然，对于不同的老年人，对于居住设施的要求也是不同的，比如对于行动不便的老年人，要注意其饮食以及卫生间的基础设施，尽量考虑到老年人的不便利，为其提供辅助性的设施。

（二）健康可口的饮食

健康可口的饮食是评价"品质养老"的重要标准，"品质养老"需要健康可口的饮食。"民以食为天"，对于"品质养老"来说，健康可口的饮食是老年人生存、生活的必要保障。对于大多数老年人来说，由于衰老等原因，消化能力较差，平时胃口也远不及年轻人，特别对于食物的生、冷、硬等反应敏感，对于饮食也比较挑剔。在这种情况下，老年人需要健康的饮食来保证身体的健康。这种健康的饮食往往低盐、低油，还不能生硬，要注意老年人的消化功能。此外，一般情况下，老年人进食量比较少，食欲也不旺盛，可口的饭菜可以刺激老年人的味觉，促进老年人的进食，因此，对于老年人来说，提供可口的饮食也至关重要。

（三）完善的医疗服务

完善的医疗服务是"品质养老"的基本保障，"品质养老"需要完善的医疗服务。医疗是养老服务的重要内容，对于"品质养老"来说，完善的医疗服务是非常必要的保障。一般来说，随着年龄的增长、身体机能的退化，老年人的身体状况会出现问题，在这种情况下，需要不断的医疗活动来维护，保持老年人身体健康，保障老年人的日常生活质量。因此，对于绝大多数的老年人来说，有及时有效的医疗维护，是老年人的必备服务，因为有及时有效的医疗维护，不仅可以为老年人的身体健康提供必要的保障，而且可以提升老年人的生活质量，从而提高养老服务的品质。

（四）悉心的心理呵护

悉心的心理呵护是养老服务品质的重要特色，"品质养老"需要悉心的心理呵护。对于"品质养老"来说，心理呵护也是养老服务的重要内容。传统的基本养老服务只关心老人的饮食起居、医疗服务，只能提供基本的生存保障，因此，长期以来，人们在谈到养老服务的时候，一般关注于物质方面的养老服务，而忽略精神层面的养老服务，对老年人的心理呵护做得不够。事实上，对于绝大多数老年人来说，心理呵护也非常重要。这也不难理解，绝大多数老年人在退休之后，往往面临着精神生活真空的窘境，在这种情况下，很多老年人面临着心理危机。一些老年人由于没有充实的精神生活，从而变得郁郁寡欢，在这种情况下，老年人的生活质量必然得不到保障。因此，对于老年人来说，充实的精神生活、及时有效的心理呵护，也是老年人养老服务的必需品。随着养老服务品质的不断提升，心理呵护也成为养老服务的重要内容，对于"品质养老"来说，心理呵护是非常必要的，但目前来看，心理呵护并没得到足够的重视，这也是"品质养老"需要加强的地方。

（五）必要的人际关系

必要的人际关系是"品质养老"开展的必备条件，"品质养老"需要必要的人际关系。良好的人际关系对于老年人的晚年生活至关重要，对于"品质养老"来说，必要的人际关系，也是养老服务的重要组成部分。人是社会动物，因此人们的生活幸福离不开与社会的联系。老年人的生活不能脱离社会，一旦脱离社会，老年人就会感到孤独，生理与心理的功能就会退化。不难看出，很多老年人在退休以后，失去了原来的生活节奏，很快就变得衰老，各种各样的疾病也随之增多。因此，养老服务要提供足够的人际关系，让老年人生活在和谐的人际关系中，基于老年人幸福感，让老年人安度晚年。具体来说，在养老服务中可以多开拓增强老年人人际关系的活动，比如组织各式各样的老年人联谊会；组织老年人的教育活动，开展老年大学教育，培养老年人书法、绘画、音乐等方面的兴趣。

第二节　沈阳市养老服务现状

沈阳市委、市政府高度重视养老服务工作，实施"品质养老"民生工程，着力构建以居家为基础、社区为依托、机构为补充、医养相结合的养老服务体系，广大老年人多元化、多层次、品质化的养老服务需求得到有效满足，获得感、幸福感、安全感不断提升。

一、政策体系日臻完善

围绕优化发展环境、规范行业秩序、改善供给结构、升级服务水平、强化监管效能等方面，沈阳市委、市政府制定出台了一系列符合沈阳实际的养老服务政策，为养老服务体系建设发展提供了完善的政策保障。加强组织领导，成立由市政府主要领导任组长、市发展改革委等37个部门为成员单位的沈阳市加快推进养老服务工作领导小组，统筹制定养老服务体系建设发展规划和系列政策，有力汇聚各职能部门政策合力，构建起横向联动、纵向贯通、协调一致的工作机制，形成了科学配套、紧密衔接、互为支撑的政策体系。积极推动立法，紧密结合沈阳实际，颁布实施《沈阳市居家养老服务条例》，对沈阳市居家养老服务进行全局性、系统性的立法规范，为全市养老服务业健康有序发展提供了坚实保障，有力推动养老服务体系建设步入法治化轨道。科学制定政策，密集出台了《关于全面放开养老服务市场提升养老服务质量的实施意见》《沈阳市居家养老服务体系建设实施方案》等50余个政策性文件，为扎实推进沈阳养老服务体系建设奠定了良好基础，在许多方面为全省提供了养老类政策文件的范本。

二、设施建设快速发展

为尽快补齐养老服务设施短板，沈阳市大力开展养老服务设施建设，工作推进力度和建设发展速度空前，嵌入多样化服务的社区养老服务设施实现从无到有，从局部"量"的积累，到全市"质"的跃升。明确配建标准，新建居住区按照每百户建筑面积不低于35平方米、已建居住区按照每百户建筑面积不低于25平方米的标准，配套建设居家养老服务设施。落实建设指标，根据各地养老服务设施建设基础和老年人口分布情况，向各地区分配社区居家养老服务设施建设任务指标，并将其作为各区、县（市）年度重点工作任务。加大推进力度，将养老服务设施建设写入政府工作报告、列入民生实事重点推进，建立跨单位协调机制，密切配合，成立跨部门工作专班，实时督导，坚持倒排工期、挂图作战、压茬推进、联合督查，确保养老服务设施建设预期目标圆满完成。截至2020年年底，全市共有区域性居家养老服务中心265个、社区养老服务站902个，社区居家养老服务设施覆盖率达94%；养老机构252家，社会化养老床位达4.87万张。

三、服务质量大幅提升

着力加强养老服务机构标准化、规范化建设，推动全市养老服务机构服务质量实现跃升。坚持标准先行，结合沈阳市实际，陆续出台了《养老服务机构安全管理规范》《养老服务机构服务质量规范》《区域性居家养老服务中心设施设计和服务标准》等11个团体标准、两个规范性文件，督促各类养老服务机构严格落实相关标准，为服务对象提供高标准、精细化的养老服务。开展专项行动，连续四年开展养老院服务质量建设提升专项行动，全市252家养老机构管理服务质量类指标合格率达到100%。消除安全隐患，围绕养老机构安全问题，在全市范围内进行"地毯式"排查，取缔问题养老机构55家、清除重大风险隐患 176 个，实现存在十几年的"老大难"问题彻底"清零"。引导服务升级，对养老服务机构服务质量定期开展第三方评估评价，通报评估结果；制定养老机构和社区居家养老服务设施星级评定办法，依据评定星级等级发放运营补贴，引导养老服务机构不断提高服务能力，切实发挥服务作用。

四、服务功能不断拓展

紧盯日益增长的多样化、多层次、差异化养老服务需求，不断优化服务内容，拓展服务功能。开展社区居家养老服务，依托区域性居家养老服务中心和社区养老服务站，为广大社区老年人提供多样化社区居家养老服务。社区嵌入式养老模式、"机构＋社区＋居家"养老服务模式、"地产＋居家＋社区＋机构＋医疗"养老服务综合体模式纷纷涌现，有效满足了老年人的居家养老服务需求。开展困难老年人家庭适老化改造，对纳入分散供养特困人员和建档立卡贫困人口中的高龄、失能、残疾老年人家庭实施居家适老化改造，根据老年人身体状况实行"一户一案"个性化定制，有效降低了老年人意外伤害风险，增强了老年人居家生活的安全性和便利性。开展农村居家养老服务试点，探索破解农村养老服务难题，通过健全农村老年人关爱机制、建立农村老年人信息台账、建设为老服务队伍、完善空巢老年人定期探访制度、探索适合本地的居家养老服务模式、解决困难家庭中失能失智老年人的照料护理难题等一系列举措，有效形成了符合各地农村老年人实际需求的多样化农村养老服务模式。

五、社会参与显著扩大

充分发挥政府引导作用，全面放开养老服务市场，不断优化发展环境，努力克服新冠疫情对养老服务业的巨大冲击，广泛吸引国内外优质为老服务资源参与沈阳市养老服务业发展。加强财政扶持，养老服务补贴标准提标扩面，福彩公益金 50% 以上用于养老服务发展。加大房产供给，努力克服公共房产资源总量匮乏的实际困难，多渠道挖掘整合房产资源，无偿提供给社会力量建设运营社区居家养老服务设施，极大激发了社会力量参与养老服务业的热情。各级政府无偿提供房产达 1023 处，占全市社区居家养老服务设施的 87.7%。破解审批难题，建立养老服务机构联审联批机制，为养老服务机构消防验收开辟绿色通道，有效破解了由于未办理不动产登记等原因导致无法进行消防审批的难题。引进优质资源，在积极培育本地养老服务品牌基础上，成功引入中国健康养老集团参与沈阳市普惠养老城企联动专项行动，三年内计划投资近 3 亿元建设社区养老服务骨干网；华润置地润馨汇在沈投资 4.3 亿元打造颐养中心；泰康之家沈园项目总投资达 30 亿元。众多国内外优质养老服务企业落地沈阳，有效带动了全市养老服务水平整体提升。

第三节　沈阳市养老服务特点

沈阳市"品质养老"民生工程实施中，养老服务获得很大改观。目前来看，沈阳市养老服务有以下几个突出的特点。

一、老年人比例偏大

根据沈阳市公安局月报统计数据显示，截至 2020 年 12 月末，沈阳市户籍人口为 762.2 万人，同比增长 0.8%。其中，市区人口为 620.2 万人，占全市总人口的 81.4%。在全市 13 个区、县（市）中，铁西区人口最多，为 101.1 万人。康平县人口最少，为 33.7 万人。老年人口为 200.8 万，占全市人口总数的 26.35%。其中，70 岁以上的 88.7 万人，占老年人口的 44.2%；80 岁以上的 26.2 万人，占老年人口的 13.04%；90 岁以上的 13336 人，百岁以上的 290 人，突出体现老龄化、高龄化的进程加快。当前，沈阳市正处于人口老龄化急速发展的时期。2020 年年底，全市户籍老年人口总数较 2010 年增长了 62%。从 2015 年起，全市老年人口占比几乎每年增长 1 个百分点。预计老年人口快速增长的趋势将在未来相当长的一段时间内延续。

从各区、县（市）老年人分布情况来看，市区的老龄化趋势明显高于郊县（市），有 154.2 万人居住在市区。其中，60 岁以上户籍人口最多的是铁西区，达到 25.3 万人，紧随其后的是皇姑区（21.9 万人）、沈河区（20.5 万人）、大东区（19.1 万人）、和平区（18.1 万人）。从老年人占户籍人口总数的比重来看，大东区 60 岁以上老年人占户籍人口总数的 29.5%，紧随其后的是沈河区与铁西区，60 岁以上老年人分别占到了辖区户籍人口总数 28.8% 和 27.1%。各区中"最年轻"的当数浑南区，该区 60 岁以上户籍人口占该区户籍人口总量的 19.1%，是全市 13 个区县（市）中唯一一个老年人比例低于 20% 的区县（市）。

二、"未富先老"特点突出

沈阳是重工业城市，产业工人占人口较大比例。多年来，随着社会改革进程的加快和产业结构调整的深入，大量国有和集体企业的破产转型，失业或半失业人口比例增加，而且目前正是企业工人进入退休年龄的高峰期，养老人群量大面广，情况复杂。据有关调查，城市中大多数的老年人主要经济来源是自己的离退休金，由子女提供生活费的多为无职业而没有退休金的老年人，所占比重不大，约在 13% 左右。另外，由于沈阳市区的外扩及外来人口的增多导致沈阳养老压力增加。全市老年人口中产业工人比重较高，收入水平较低，全市企业退休人员平均养老金 2906 元。老年人面临着贫困、疾病、失能等诸多困难和挑战。在经济保障方面，城市老年人是靠较低水平的自养为主。而占有一定比例的低收入或无收入的困难家庭工人的养老问题则给政府和社会带来更大的压力，"未富先老"在沈阳表现尤为突出。

三、居家养老人数较多

根深蒂固的传统观念，促使大多数老人倾向于居家养老。据不完全统计，在沈阳市 200.8 万老年人中，在养老机构养老的只占老年人总数的 2.6%（按养老机构的床位数统计），其余 90% 以上是以居家养老为主，居家养老已日益超越传统的居家养老和社会化的机构养老两种基本模式，成为老年人养老的最优选择。因此，了解居家养老的需求特征，满足养老服务的社会化、体系化需要，探索发展多样化的居家养老服务模式是一项全社会关注的系统工作。

四、公共服务资源分布不均衡

地区之间、城乡之间、不同群体之间在基础教育、公共医疗、社会保障等基本公共服务方面的差距客观存在，并已成为社会公平、公正的焦点问题之一。居家养老的问题主要体现在日常生活照料方面，这一社会资源明显不足。老年人是社会的弱势群体，对社会资源的占有能力较弱，政府对社会公共服务资源流向缺少必要的政策导引，导致公共服务资源分布不均衡，养老服务资源缺乏。

五、养老机构数量增长加快

截至 2022 年底，在机构养老层面，沈阳市共有养老机构 278 家。其中，公办机构 45 家，民办机构 233 家；机构养老床位约 4.2 万张，护理型床位占比 55%，能够开展医疗卫生服务的养老机构占比达 100%。在社区养老层面，共有社区养老服务设施 1234 个。其中，区域性居家养老服务中心 279 个，社区养老服务站 955 个，设养老床位 3676 张。在居家养老层面，沈阳市已在 200 个社区开展政府购买居家养老服务试点，建成家庭养老床位 4500 张。

第四节 沈阳养老服务主要问题

沈阳养老服务的主要问题,有如下几个方面。

一、以需求为导向的服务理念缺失

社区居家养老服务的精准供给和高满意度与以需求为导向的服务理念密切相关,而在这一点上,社区居家养老服务的供给者并没有树立以需求为导向的服务理念。

通过对老年人的访谈发现,社区居家养老服务的供给缺少对老年人养老服务需求状况的调查,大部分区域性居家养老服务中心都是按照自身对老年人所需养老服务的预估或是根据政府下发的养老服务项目文件提供养老服务内容,没有根据老年人的实际需求情况提供养老服务,缺少以服务需求为导向的服务理念。由此可知,社区居家养老服务项目的制定没有征求老年人的意见,社区居家养老服务供给方提供的多是普遍化、泛化的养老服务内容。社区居家养老服务清单多是依据政府发布的政策或是社区居家养老服务机构自身的经营策略制定,既没有主动了解老年人对养老服务的需求,也未开展相应的调查;没有根据老年人的身体健康、经济情况以及对各类社区居家养老服务的需求情况提供精准的养老服务项目。

另外,社区居家养老服务的供给缺少以需求为导向的服务理念在助餐服务和精神慰藉服务的提供上明显表露出来。如居家养老服务中心在老年人需求度较高的精神慰藉服务上,提供服务的间隔时间长、次数少,没有结合老年人对精神慰藉服务的需求情况增加次数、延长时间,缺少以需求为导向的服务理念。

二、资金来源渠道单一且到账不及时

（一）资金来源渠道单一

在资金来源渠道方面，目前，社区居家养老服务的资金主要源自政府财政支持、政府下发福利彩票公益金和从事社区居家养老服务的养老服务机构自身的投入，其他方面的资金来源渠道比较少。社区居家养老服务的资金来源渠道单一，资金融资仍然依赖单一的银行贷款，得到的资金支持几乎都来源于政府的财政；社会捐赠、慈善资金、国有企业和大型民营企业等方面的资金来源少，社会力量方面的资金来源渠道不足。社会力量的资金支持力度弱，资金来源渠道单一，导致养老服务供给资金短缺。

（二）资金到账不及时

在资金到账方面，上文提到了政府给予区域性居家养老服务中心运营补贴方面的资金支持，而在实际的下发中，评估审批时间过长、资金到账不及时、下发效率较低。区域性居家养老服务中心需要借助资金来维系正常的运营，这个过程中需要政府补贴资金的及时支持，而政府给予的资金拨付效率低、资金审批过程慢、补助下发周期长，致使资金出现缺口不能及时弥补，导致资金短缺。政府用于支持居家和社区基本养老服务提升行动项目的彩票公益金也同样在实际的下发中出现了拨付效率较低、到账不及时的情况。资金支付率低，领取所需的时间长，也导致养老服务资金缺口的存在。

三、养老服务人员激励和培养不到位

（一）养老服务人员激励不到位

有效的激励是留住养老服务人员和吸引新的养老服务人员进入的重要保障，而目前对社区居家养老服务人员的激励不到位，导致养老服务人员紧缺。以下是对养老服务人员激励不到位的体现：

在薪酬激励方面，没有根据社会经济水平对养老服务人员的工资进行动态调整，使得养老服务人员工资普遍低于社会平均工资。养老服务人员月工资仅为 4500 元，低于沈医保发〔2022〕23 号文件发布的沈阳市社会平均工资 6623 元，说明养老服务人员缺少相应的薪酬激励，没有建立与社会平均工资相适应的工资增长的薪酬激励制度。

在绩效激励方面，缺乏科学完善的绩效考核制度，没有根据能力大小和工作强度高低发放工资，缺少绩效激励。在激励方案的设计方面，没有运用科学合理的方式设计激励方案，致使发放周期过长。根据《关于开展老年服务与管理专业毕业生入职养老机构补助工作的通知》（沈民〔2018〕167 号），沈阳市给予入职养老服务机构五年的高校毕业生发放一次性入职补贴。但是，事实上领取补贴的高校毕业生并不多，年份从 2015 年开始计算，2021 年沈阳市领取补贴的高校毕业生仅为 1 人，2022 年为 4 人，2019 年和 2020 年未公布相关数据。补贴的发放办法是满五年后一次性发放，而这漫长的等待时间无疑减弱了补贴对养老服务专业毕业生的激励效果。刚开始从事养老服务的毕业生的积极性与热情本应该是最高的，但刚毕业的养老服务专业毕业生工资往往比较低、生活开支大，如若不在毕业后及时、分阶段发放补贴，无疑让养老服务专业毕业生对养老服务工作的热情下降，激励效果减弱。

（二）养老服务人员培养不到位

养老服务人员培养不到位主要体现在以下两个方面：

一是中职、大专、大学对养老服务人员的培养不到位，重理论知识学习而轻实际操作能力的培养。同时大部分开设养老服务课程的院校，课程内容都大同小异，没有紧跟老年人对养老服务的需求，服务人员培养没有与时俱进。高校对养老服务人员的培养注重理论忽视实操，导致养老服务人员实操技能掌握不到位，加之课程内容没有与时俱进，养老服务人员培养出现了理论与实践脱节的现象。

二是社区居家养老服务机构对养老服务人员后期培养不到位。在接受调查的 30 名养老服务人员中，入职以后接受养老服务培训的为 12 人，占比 40.00%；没有接受过养老服务培训的为 18 人，占比 60.00%。养老服务人员入职以后没有接受培训的比例较高，这反映出社区居家养老服务机构对养老服务人员的培养重视度不够，忽视了对养老服务人员的培养。入职的养老服务人员本身专业水平较低，加之后期的培养不到位，使得服务人员无法及时掌握专业技能，也导致养老服务人员专业度低。

四、养老服务设施规划与管理不合理

（一）养老服务设施规划不合理

社区居家养老服务设施以及相应的设备没有按照《养老机构设施设备配置规范》《沈阳市区域性居家养老服务中心设施设计与服务标准》所提出的要求，预留出康复与医疗用房、老年人可单独接受精神慰藉服务的心理咨询室、厨房餐厅、文娱及健身用房、老年人活动中心以及相应的配套服务设施设备，没有做好服务设施规划。以 B 区域性居家养老服务中心为例，走访时发现其没有设置康复与医疗用房，缺少相应的医疗护理设备。大部分社区居家养老机构在筹备养老服务工作时缺少科学的规划，没有按照文件标准和老年人对社区居家养老服务的需求对设施以及配套设备进行合理的规划；对养老服务开始之前的设施和设备置办工作没有参照政策文件进行合理的布局，没有严格按照标准执行；缺少对老年人所需养老服务相配套的服务设施的调研和规划，养老服务设施规划不合理。

（二）养老服务设施管理不合理

社区居家养老服务机构对养老服务设施缺乏科学的管理，在设施配备不完善的情况下，没有根据老年人对服务设施的使用情况对服务设施进行管理，及时发现需要配备和增加的养老服务设施，使得在养老服务提供过程中缺少的服务设施仍处于缺失状态，没有按照政策要求配置得到及时补充。对于操作较为复杂的养老服务设施，缺少专门的人员进行管理，没有管理人员负责邀请专业人员对操作复杂的健身设备进行讲解，养老服务设施管理不到位。

五、政府整合养老服务资源的协调机制不健全

社区居家养老服务的供给本应由多元主体共同参与，政府起到整合资源的作用，但事实上政府整合资源的协调机制不健全，社区居家养老服务在资金供给上大多是依靠政府购买养老服务或政府财政补贴，在养老服务设施的供给上也多是靠政府来提供养老服务设施。

政府整合养老服务资源的协调机制不健全主要体现在以下三个方面：第一，政府对社区居家养老服务的资源整合多集中于民办非企业单位上，对民间慈善团体、志愿组织、社会工作者、企业等的资源整合不够，没有协调好民间慈善团体、志愿组织、社会工作者和企业在养老服务供给上的责任分配、相互之间的关系；没有把慈善团体等社会力量所拥有的社区居家养老服务资源与对养老服务有需求的老年人及时进行对接，使得期望为老年人提供服务的慈善团体等社会力量无法获取需要提供养老服务的老年人的信息，不能及时为需要养老服务的老年人提供服务，导致慈善组织、志愿组织、社会团体等对养老服务的参与度低，多元主体养老服务供给模式的协同性差。第二，政府没有完全掌握民间慈善团体、志愿组织、基层医疗卫生机构、为老服务企业的具体养老服务资源情况，未起到整合、协调、促进养老服务资源优化的调配作用，在社区居家养老服务机构人员、设施供给不足时，未能及时调动志愿组织等拥有的闲置养老服务资源为其提供帮助，造成养老服务资源的浪费。第三，社区在养老服务供给中本是起着平台作用，起着连接养老服务供给方和对接老年人需求的作用，由于政府整合养老服务资源的协调机制不健全，没有明确各方的责任定位以及协调好社区养老服务资源调配，社区目前在养老服务中承担了很多属于社区居家养老服务供给方的职责，工作繁重。

第五章

//

"品质养老"背景下沈阳市养老服务的国外借鉴

养老是全人类共同的话题，沈阳市"品质养老"民生工程的实施，可以参考国外的成熟经验。在国外发达国家，也有其独有的养老模式。借鉴国外的养老服务，可以为沈阳市养老服务的发展提供思路。下面，借鉴一下美国、日本、澳大利亚和德国的养老服务，希望能够提升沈阳市养老服务的品质。

第一节　美国"品质养老"模式及启示

一、美国"品质养老"模式

由于传统观念的原因，我国绝大多数老年人选择居家养老，但由于缺乏完备的社区助老支持，导致养老品质大打折扣。因此，在居家养老方面，沈阳市可以借鉴美国"品质养老"模式。美国的社区居家养老堪称"品质养老"的典范。美国社区具备强大的助老功能，美国老年人能在社区实现安养、乐活、善终，所以多数美国老年人选择社区养老模式。在居家养老服务体系建设方面，美国积累了丰富的经验。在美国，社区具备了强大的助老功能，使得美国老年人能内安其心、外安其身，实现"安养—乐活—善终"的老年生活目标，所以多数美国老年人选择社区养老模式。

美国的社区居家养老服务有几种做法：

一是全托制的"退休之家"。"退休之家"设施完备，服务周到；设施包括医务室、图书室、计算机室、健身房、洗衣房、紧急呼叫系统等；服务包括就餐、打扫房间、组织活动、出行安排等。

二是日托制的托老中心。托养老人白天在托老中心活动，晚上回家休息。托老中心同样设施完备，并提供星级服务。起居室一人一床，一人一房间；还有阅览室、保健室、活动室等。老年人除了不用为一日三餐操心外，还可以阅读、交往、制作手工艺品，安度晚年。

三是组织互助养老。让老年人结伴认对、互助养老。

四是提供上门服务。美国政府有一个福利性居家养老项目：由政府财政出钱，派家庭保健护士为有需要的老年人提供服务。家庭保健护士不同于保姆，她们不仅仅为老年人做饭、洗衣、打扫卫生，还要具备护理知识。

美国家庭护理员制度支持了居家养老模式，真正有品质、有保障的养老必须做到物质保障、照料保障、医护保障和精神保障"四位一体"。家庭护理员介于家政服务员与专业护士之间，主要工作就是照顾住在家里或住在护理中心的孤独老人、伤障人士、长期病患者等。例如，在纽约每个区都设有一个护理中心，护理员由该中心管理调配。中心对于老年人的健康状况尚好，又有自理能力的，每周安排3天上门服务，护理员通常上午8时上班，下午6时下班，每天工作8~12小时；如果出现疾病或意外伤害，护理中心调整护理员工作的天数。对于健康状况不佳又没有自理能力的老年人，每天均有护理员陪伴在他们身边。每天护理员到服务对象家上班时，即在那里打电话向护理中心报到，说明已经到达服务对象家。同时，护理中心的管理人员还经常到服务对象家中了解护理员的表现，并征求服务对象对护理员与护理工作的意见与建议，对于业绩好的护理员及时予以表扬与奖励，对于表现差的护理员给予适当的批评、教育或处罚。护理员一般每小时工资 6~12 美元，工资由护理中心支付，服务对象不需要付钱。

美国还拥有目前世界最大的非营利性的老年照顾机构"居家养老院"。在美国 50 个州有 5000 个社区分支机构，拥有美国最庞大的义工队伍，每天都有 80 万~120 万名义工将 100 多万份热饭热菜送到行动困难或者无法自己解决膳食问题的老人家中。

在美国，养老社区一般分为四类：生活自理型社区、生活协助型社区、特殊护理社区以及持续护理退休社区。一般来说，社区与医院和专业护理机构均有紧密合作。其中，生活自理型社区主要面向年龄在 70~80 岁之间、生活能够自理的老人。生活协助型社区主要面向 80 岁以上、没有重大疾病，但生活需要照顾的老人。社区提供包括餐饮、娱乐、保洁、维修、应急、短途交通、定期体检等基础服务，并可通过付费方式享受其他生活辅助服务和用药管理等以及阿尔茨海默病的特殊护理。特殊护理型社区主要面向患有慢性疾病的老人、术后恢复期的老人及记忆功能障碍的老人。社区内设有专业护士，提供各种护理和医疗服务。持续护理退休社区面向那些退休不久、当前生活能够自理，但不想由于未来生活自理能力下降而被迫频繁更换居所的老人。为了实现对入住老人的持续护理服务，此类社区一般是生活自理单元、生活协助单元与特殊护理单元的混合。

以上四种模式中，生活协助型社区在过去几年发展最快。截至 2018 年，全美共有 1900 处持续护理退休社区（CCRC 社区），但 82% 为非营利性组织所有，其中相当一部分是从传统养老院转型而来的。对于营利性的养老社区运营商来说，生活协助型社区的占比通常在 50% 以上，而 CCRC 社区占比一般不到 10%。

二、美国"品质养老"模式对沈阳养老服务的启示

2013 年，《国务院关于加快发展养老服务业的若干意见》（国发〔2013〕35 号）发布，对中国人未来的养老模式给予了清晰回答：全国将推行以居家为基础、社区为依托、机构为支撑的养老体系。"居家养老"的提出实际上是要实现从传统的家庭照料到现代的社区照料、老年人的生活单位从家庭转向社区的转变。居家养老的实质是社区养老。

老年人在熟悉的社区环境里能找到安全感、归属感和亲切感。依托社区发展居家养老服务意义重大，是积极应对社会老龄化、老年空巢化、空巢失能化的正确选择。无论古今中外，"安养—乐活—善终"是养老三部曲，这也是老年生活的三个核心追求。

目前，对于沈阳市来说，要提出建设老年友好型城市和老年宜居型社区的目标，还应该朝老年友好型社会、老年安养型社区和老年乐活型家庭目标作出努力，提升居家养老的社区支持能力、增加居家养老的社区资源供给是着力点。我国更需要在传统的社区中改善助老养老的功能，提高普通老年人居家养老的生活质量和生命质量，重视社区的医养护理功能和精神赡养功能。

第二节　日本居家养老服务机制及启示

1970 年日本就已步入老龄化社会，2000 年老龄化程度已经达到了 17.4%，并且在 2007 年和 2018 年分别进入超老龄化社会和深度老龄化社会。由于日本在此方面的研究较早，所出台的法律法规较为健全，积累了丰富的居家养老服务经验。通过研究日本居家养老服务机制及其发展历程，分析其优

势，可以为沈阳的居家养老服务机制发展提供借鉴。

一、日本居家养老服务运行机制

（一）居家养老服务项目内容

居家养老服务并没有统一的定义，在不同国家其含义都有所差异。"居家"两字的字面意思并不能完整诠释养老的地点。比如在"居家养老"概念最先出现的英国，它以社区内的家庭作为居家养老服务地点；美国的居家养老服务地点并不局限于具有产权的住房，只要是可以居住的地方都能作为其服务地点；而日本与我国由于受到儒家思想的影响，居家服务的地点是指与家庭成员共同居住的住宅。

日本的居家养老服务主要包含访问护理服务、短期托付服务、福祉设施服务等。老人可以根据需要照护的等级选择合适的服务类型。比如短期内无法进行居家护理的老人会选择短期托付服务，它包含两种服务形式：一是服务机构在白天接老人到机构内进行日常生活照顾和护理，晚上再将老人送回；二是将老人短期托付给养老服务机构，对其进行短期的护理服务。

（二）居家养老服务运行机制

居家养老服务运行主体包含政府、社区、家庭、市场以及非营利组织。政府在运行中起主导作用，与其他组织协同参与居家养老服务机制的运行。同时，居家养老服务以相关法律为基础支撑其进一步发展，如《老年人福利法》和《介护保险法》等。介护保险制度以《介护保险法》为基础形成了介护保险基金，居家养老服务机构从基金及介护对象处获得收入。

日本的介护保险基金由三级政府和个人共同出资构成，即50%来自被介护保险人缴纳的保险费，剩余50%来自公费。在公费中，中央财政、都道府县和市町村分别承担基金的25%、12.5%、12.5%。对于个人承担的分摊比例会根据被保险人的类型而有所不同，一类被保险人（65岁以上人群）承担基金的 23%，而二类被保险人（40 ~ 64 岁人群）则承担剩余的 27%，两者合计构成基金的个人出资部分。而一旦介护保险的对象需要居家养老服务机构提供服务，其收费标准一般介护对象个人只需承担护理费用的 10%，其余 90% 全由介护保险基金出资，这大大缓解了介护保险对象的经济负担。

在运行机制中，居家养老服务评价是必不可少的。其评价可分为三类：自我评价、利用者评价以及第三方评价，其中第三方评价相比其他两类更具有客观性，是日本近些年新兴的一种方式，是指除经营者、利用者之外的第三方机构从专业、客观角度进行的评价。第三方评价的内容主要针对服务质量，各地区根据都道府县所制定的服务评价标准来促使居家养老服务质量的优化。

（三）日本居家养老服务机制的发展历程

1. 日本居家养老机制形成的社会背景

第一，家庭观念及结构的变化推动居家养老机制的形成。日本在战前采取直系家庭形态，其特点为三世同堂，后由于家庭形态的变化，小家庭类型开始诞生。据日本人口研究所数据显示，1960 年日本平均家庭人数为 4 人，1990 年其平均数量下降至 3 人以下，到了 2020 年，其平均家庭人数已不到 2.3 人，并预计在 2040 年将下降至 2.0 人。目前，日本的家庭类型可分为单独家庭、核心家庭以及其他家庭。"单独"在日本语中有"独自一人"的意思，单独家庭即为独居家庭。此外，日本对核心家庭的分类与一般情况有所不同，包含了夫妻家庭、夫妻以及子女组成的家庭和单亲家庭。1980 年，日本核心家庭类型占六成，远远高于单独家庭，但随着少子老龄化进程的加剧，单独家庭以及夫妻家庭的数量开始明显增长。据日本未来人口及家庭数量数据显示，2010 年 65 岁以上的单独家庭以及夫妻家庭分别有 498 万户和 540.3 万户，与 2000 年相比，单独老人家庭增加了 194.8 万户，后者增加了 154.9 万户。至 2020 年，单独老人家庭进一步增加了 204.5 万户，远超前 10 年的增加幅度，而 65 岁以上的夫妻家庭增加了 133.7 万户，老龄化问题明显。相对而言，父母与子女组合的家庭数一直在逐年下降，而且未来也有进一步减少的趋势，表明家庭数量的变化大多是高龄家庭数量的增加所致，这也推动了日本家庭式的养老观念逐步变化。

第二，女性地位的提升推动居家养老机制的改变。日本传统文化中"男主外，女主内"的思想根深蒂固，女性一旦结婚就会转变成照顾角色，并且受到古代延续下来的制度影响，女性的行动会受限于男性的支配，但随着社会经济的发展以及受到世界女权运动的影响，日本颁布的相关法律提高了女性的地位，增加了女性就业的机会，越来越多的女性走出家庭。同时，晚婚晚育与终身不婚现象上升显著，女性更多地参与社会劳动使生育的机会成本提高，加剧了少子老龄化。

第三，人口年龄结构的变化催生居家养老新模式的诞生。人口老龄化不仅仅意味着 65 岁以上人口在全国总人口中占据的比例上升，同时也代表着人均寿命的延长。二战以后，由于生活环境、饮食习惯的改善以及医疗技术进步，日本人的平均寿命一直在延长。根据日本厚生劳动省公布的数据，2015 年该国男性与女性的平均寿命分别为 80.75 岁和 86.99 岁，2020 年又创新高，女性平均寿命位居世界首位，而男性也位列世界第二，分别为 87.74 岁和 81.64 岁。平均寿命增加会导致 65 岁以上老人数量增多，并且随着年龄的增大，各器官机能下降，使老年人的生活及就医等面临诸多难题，加之少子化不断加剧，养老的社会化势在必行。

2. 日本居家养老服务相关法律的发展历程

第一，二战前的社会福利制度。日本明治时期，政府为了追赶西方发达国家，促使日本转变成资本主义国家，进一步加剧了落后武士及农民的贫困。为此，日本在 1874 年颁布了首部救助法案《恤救规则》，但该法案所救助的高龄对象只限于极度贫困且独自生存的残疾老人以及 70 岁以上的重症老人。同时，济贫恤穷只是基于人们之间的相互情谊而产生的，所以并不算真正意义上的福利保障政策。随后日本开始制定真正的救贫制度，如《恤救法案》《养老法案》等相继出台。1929 年，日本又制定了《救护法》，其中针对老年人将实施的范围调整为 65 岁以上的失能者，同时第一次将养老院列入法律。

第二，二战后新社会福利制度的建立。1945 年日本战败，产业和家庭结构的变化加剧了老年人赡养问题，导致战前的《恤救规则》和《救护法》等制度无法适应日本当时的社会需求。加之在此阶段，日本出现了严重的经济萧条、贫困加剧和物资匮乏等现象，日本被迫将工作的重点转向了健康和福利领域。在此期间，日本颁布了《儿童福利法》（1947）、《残疾人福利法》（1949）、《生活保护法》（1950），此三项法律对日本社会福利的发展带来了极大影响，被后世称为"福利三法体系"。

第三，居家养老体制的形成。1955 年以后，日本开始进入经济高速增长阶段，但这一阶段的快速发展也造成了物价急剧上涨、收入差距扩大等弊端。随后日本改变政策趋向，逐渐向民生领域倾斜。1963 年日本政府颁布了《老年人福利法》，当时的老龄化程度为 6%，尚未达到国际通行的 7% 以上的老龄化标准，由于它是在进入老龄化社会之前颁布的，因此在日本被称为"老人宪章"。在《老年人福利法》实施 10 年后，其部分政策进行了修改，开始实行对老年人的医疗免费政策。但由于石油危机导致经济低迷，财政压力过大等问题，该项政策被迫叫停。1982 年，日本颁布了《老人保健法》，将老年人的医疗免费政策修改为由个人承担一定比例，以减轻国家财政负担。1983 年，厚生、大藏、自治三省协同制订了《老人保健福利推进十年战略计划》，该项计划主要以居家养老和居家看护为重点，认为老人福利的发展需要社会共同的力量进行推动。

日本在 20 世纪 70 年代进入老龄化社会后，其老龄化以惊人的速度推进，社会经济受到人口老龄化所带来的影响，加之老年人安度晚年的意愿增强，日本颁布《长寿社会对策大纲》（1986）、《促进老年人健康与福利十年战略规划》

（1989）以及《介护保险法》（1997）等法律。

《介护保险法》虽然是在1997年出台，但真正实施是在2000年。介护本身就有"照顾""看护"的意思，并且介护服务大致可分为居家介护服务和设施介护服务，逐步将介护的社会化纳入到社会保障制度中。同时，在2002年颁布了《社会福祉士及介护福祉士法》以加大护理人才的培养，推动居家养老服务设施发展。

3. 日本居家养老服务设施的变化

日本居家养老设施变动主要从《老年人福利法》颁布开始，它在内容中强调了居家服务和设施福祉服务的必要性，通过提供低收费的养老院为经济困难的老年人提供援助。在日本正式进入老龄化社会后，《社会福利设施经济建设五年计划》的制订推动了大批量养老设施的建设，主要是用于实施日常照料的设施，同时通过无营利组织的援助服务，建立了老年人福利中心以及日间护理中心。1973年，由于老年人医疗免费化所带来的影响，疗养型设施开始普及，特别是在《老年人保健法》的推动下，市场涌现了大量与老年人相关的保健设施。并且在老龄化达7%以后，对特别养护之家的需求加大，随后"黄金计划"（1989）的推出鼓励了民间参与特别养护之家的建设。2000年《介护保险法》的颁布推动了一些医疗护理机构的发展，特别养护之家也从集体介护转变成个体介护。2006年小规模多功能型居住介护制度的确定使得居家养老的老年人可在熟悉的设施内接受服务。

（四）日本居家养老服务机制的优势

1. 效率化

居家养老服务在本质上是非营利性的，它以政府、社区、家庭、市场以及非政府组织等多方主体共同参与，为老年人提供多元化的服务，将养老转变为社会共同承担。其中，非营利组织对养老服务的提供更为灵活，能够弥补政府提供居家养老服务的不足，减轻政府压力，并协调政府、市场和非政府组织之间的关系,整合社会资源使得效益最大化。

2. 专业化

日本对于从事居家养老服务的人员素质要求比较严苛,需要通过全国统一考试后再进行专业化培训才能上岗,除专业知识外,从业人员也需注重老年人的心理需求。日本的服务机构有着多样化的居家护理,他们可以根据老人的身体及经济状况来选择相应的服务。同时,居家养老护理服务的对象并不局限于老年人,对从事介护的家人因身心疲惫也会进行相应的心理疏导,以及在老人去世后,家人可能会出现哀伤、无法接受等心理状态,服务机构也对此类家庭成员提供必要的心理干预,帮助其尽快回归正常生活。

3. 资金筹措多元化

居家养老服务是将传统家庭式养老和社会化养老结合在一起的养老服务。在东亚地区,由于儒家思想的影响,大多数国家采取的是家庭式的养老模式,所有的护理都由家人承担,加重了家庭的负担,特别是双职工家庭,可能出现既无法安心工作也很难照料好老人的局面,并且随着老人岁数的增加,医疗以及护理费用也相对提高。日本的居家养老服务以国家立法为基础,《老年人福利法》《老年人保健法》《介护保险法》等法律的颁布减轻了老年人居家所需要的护理费用。而且养老金制度的完善,使居家护理的对象只需要承担10%的费用,既减轻了家庭成员的负担,同时也释放了更多的劳动力。

二、日本居家养老服务对沈阳养老服务的启示

借鉴日本居家养老服务的机制,沈阳市养老服务应该在以下几个方面发力。

第一,加快确立以居家养老为主的养老模式,并加以完善。日本通过《介护保险法》的出台,积极调动社会的力量来参与居家养老服务协作,完善居家养老服务体系,以良性竞争推动良好的市场机制形成。目前沈阳市的居家养老

服务的总体框架已基本形成，缺乏的是多方社会力量的加入，所以我国应积极引导非营利组织等社会力量参与到居家养老服务当中，完善居家养老服务体系，以居家养老模式来减轻社会财政及家庭负担，同时通过整合社会资源提高老年人福利水平。

第二，加强护理人员的培养。加强护理专业型人才的培养是推动居家养老服务的必要手段。沈阳市老龄化程度的加剧导致护理人才需求加大，并且由于护理行业的低门槛，大部分人员专业化程度不高。同时，由于护理工作时间长、负担大、待遇低等问题导致护理人员跳槽、离职的情况大量增加，又由于护理人员的年龄层大多集中在中年以上人群，很多从业者的学习能力、体力等都存在一定的问题。日本老龄化程度位居全球第一，对居家养老服务的研究开始较早，特别在服务方面十分注重被介护人员的心理需求，且服务对象范围扩大至家庭成员，而沈阳市养老服务机构这方面的服务十分欠缺，对此沈阳市应加强与日本居家养老服务机构的国际合作，通过派遣人员学习日式居家养老服务，特别是关怀服务以及老人去世后的后续服务，对从事居家养老服务人员进行系统培训。

第三，进一步完善养老保险制度。目前，沈阳市已经建立起基本的社会保障制度和救助制度，但对于构建居家养老服务机制仍有大量工作需要处理。日本的老年人居家养老的费用大部分由中央政府、都道府县、市町村以及介护保险承担，个人只需承担一小部分，老人的养老压力较小，而沈阳市虽然开始实施长期护理保险，但推广实施尚需时日，并且大部分的费用依旧由老人承担，养老压力很大，在一定程度上抑制了居家养老服务的推广。所以，各级政府应加快完善养老保险制度以及商业养老保险制度，将商业养老保险作为重要补充，以促进养老服务业的多元化。

第四，加快完善居家养老服务设施。日本在养老设施方面非常注重老年人的多样化需求，对于不同身体状况的老年人设计更为适合的居家设施。而沈阳市在居家养老服务设施方面还处于探索阶段，一般家庭还不具备适合老人居家养老的生活环境，主要原因在于成本投入较大。面对人口老龄化的加剧，沈阳市需要加快居家养老服务设施的进一步完善，开发更适合居家老人的养老设备，以推动居家养老服务的发展。

第三节 澳大利亚社区居家养老服务机制及启示

与我国相似，澳大利亚也是世界上老龄人口增长最快的国家之一，但其在养老护理服务产业方面起步早、经验丰富，已建立起较为完善的养老护理服务体系，其养老方式也主要有居家养老、社区养老及机构养老三种类型，其中居家式的社区养老最受老年人欢迎且发展最为成熟。

一、澳大利亚社区居家养老服务机制

（一）社区居家养老服务的申请与评估程序

在澳大利亚，如果老人希望在社区或居家环境下养老，但因其年龄或健康状况等原因无法独立完成而需要获得政府补助的援助服务时，首先需要与老人所在地区的养老服务联络中心联系，联络中心工作人员会通过询问了解老人的需求、目前存在的健康问题、居家生活安排、目前已获得的援助及居家安全等情况，为老人安排家庭援助评估（HSA）、综合评估（CA）或直接为其推荐养老服务机构。其中家庭援助评估适用于希望通过联邦家庭援助计划（CHSP）获得膳食和交通等基本养老服务的老年人，该评估由老年人所在地区的养老服务评估处（ACRAS）评估员进行。综合评估适用于身体状况较差，有较复杂的照护需求，需要接受居家医疗照护、过渡期护理或机构养老服务的老年人，该评估由老年护理评估小组（ACAT）或养老服务评估处（ACAS）评估员完成。家庭援助评估和老年护理评估小组均由多学科团队成员如医生、护士、社

会工作者及其他卫生保健人员组成。二者评估程序基本相似，在接到老人对养老服务申请后，评估员会在征得老人同意后预约到老人家中或医院（如老人当时正在住院）为其进行免费评估。评估内容包括老人的日常生活能力情况，如日常生活是否需要帮助，是部分还是全部活动需要帮助；老人的整体健康状况如何及是否存在某些具体健康问题、居家环境安全等。评估员会根据上述内容确定老人是否有资格获取相应服务，需要何种类型及多少护理服务，并为之推荐和联系当地能为其提供的最适合养老照护服务。评估结束后，评估小组会将评估结果、被获准的具体养老服务项目、服务费用及原因写信告知老人，老人收到评估结果后可自行决定是否采用该服务。如老人接受的养老服务是由志愿者和慈善机构等提供的不需要政府补贴的服务，则不需要接受 HSA 和 ACAT 评估。

（二）社区居家养老服务类型及具体服务内容

在澳大利亚，为老年人提供的社区居家养老服务种类较多，根据老年人对服务需求程度大致可分为 CHSP 和家庭护理服务包（HCP）两种类型，其中 CHSP 是为年龄在 65 岁或以上、在居家环境下需提供少量帮助而不需要较高级别医疗照护的老年人提供的服务。服务内容包括：其一，家政服务：帮助老人完成日常家务，如洗熨衣服、打扫房间、修理花园等。其二，个人护理：为老人提供日常生活帮助，如协助洗澡、更衣、如厕、梳妆、上下床等活动。其三，餐饮服务：为老人提供膳食和其他饮食服务，如协助备餐、进食或提供上门送餐服务，使老人保持健康、均衡饮食。其四，交通服务：为老人提供接送或出租车服务，以帮助其外出购物、赴约或参与社区活动等。其五，房屋维修服务：如更换灯泡、屋顶维修等。其六，房屋改造服务：如安装警报器、沐浴扶手、门把手等。其七，暂缓服务：代替照顾者为老人提供相应服务，使照顾者能得到一段时间的休息。其八，临床医疗护理服务：包括一般护理，如更换敷料、大小便失禁护理、药物管理、健康指导等；物理治疗，如指导老人锻炼、行走、加强肌力和平衡训练等；语言治疗，如指导老人交流、吞咽、进食等；营养指导，如营养评估、食物和营养建议、饮食调整等。家庭护理服务包适合于有较复杂或有特殊照护需求的老人，除提供与 CHSP 类似的服务外，服务机构还会根据老人的需求制定特殊的照护服务，如为失智症患者提供的失智及认知指导服务、为患有某些被认可的精神疾病的退伍军人提供的退伍军人附加服务、为糖尿病患者提供的健康指导等。

（三）社区居家养老服务供给及费用

经评估老人有资格且同意获得上述服务时，评估员会为老人推荐并联系当地最适合的社区养老服务机构。在服务提供前，该机构会与老人签署一份居家照护协议，并根据老人的服务需求和财务预算，协助老人制订一份养老服务计划，内容主要包括：其一，老人即将获得的服务类型与具体服务项目；其二，各机构提供的相应服务；其三，在提供的居家照护服务中老人的参与程度；其四，为老人提供服务的具体时间；其五，老人需支付的服务费用。老人与服务机构签署居家照护协议并获得养老服务计划后，服务机构即可为老人提供其所需的照护服务。服务费用与老人的收入及获得的服务类型有关，如老人需要的是 CHSP 服务，大部分费用由政府资助。如为 HCP 服务，每项服务项目的收费不能超过单身基本养老金的 17.5%。此外，如老人有经济困难，可申请经济困难补助，以保证其不会因为支付不起费用而无法获得相应服务。如老人收入超过一定金额，其费用需根据收入重新确定，具体服务费用老人可通过当地养老服务网站的费用估算器或养老服务联络中心人员获得。老人获得任何养老服务前，双方须就这些费用达成一致，并在协议中写明。由政府提供的资助将直接支付给服务机构，服务机构会使用这些资金来提供经双方同意的照护服务项目。为了让老人了解资金的用途，服务机构会将每月的资金补助、开销及余额对账单等寄给老人。

（四）社区居家养老服务的质量保证

大部分居家养老服务机构会尽力为老年人提供高质量的照护服务，但有时也难免会出现问题。因此，为了保证社区居家养老服务的质量，在澳大利亚成立有很多可供老年人投诉的部门和机构，如果老人对提供的照护服务不满意，可以向养老服务投诉机构或州政府所属的健康护理服务投诉委员会及澳大利亚保健从业者管理局等部门投诉，投诉的内容可以是各个方面，如健康和个人护理、沟通方式、职业操守、财务事宜等，投诉方式可以是通过社会服务部网站提交，也可以通过拨打养老服务投诉电话，还可以通过书信等方式寄往当地州政府。通过老年人对养老照护服务的评价与监督及多途径的投诉机制，有效地保证了居家养老服务的质量。

二、对沈阳老年人社区居家养老服务发展的启示

首先，资金是社区居家养老服务发展的重要基础。在澳大利亚，政府鼓励老年人以社区居家养老为主，其费用大部分由政府资助，老年人仅花少量费用即可获得相应的服务，在很大程度上促进了居家养老服务的发展。其二，规范的管理流程是社区养老服务顺利开展的基本保障。为老年人提供的社区居家养老服务从服务的申请、评估到服务的提供及质量保证都有相应的管理和运行机制，不仅保证了居家养老服务的顺利开展，同时也充分考虑老人的意愿，根据老人健康需求情况，提供高质量的个性化护理服务。其三，广泛的服务主体及服务内容的多样化满足了老年人多元化、多层次的照护需求。为老年人提供养老服务的从业人员可以是专业医护人员，可以是房屋维修、改造的技术工人，也可以是提供日常生活帮助的非专业人员等。服务内容从一般日常生活照护到专业的医疗护理服务及特殊照护服务均有涉及，为居家养老的顺利实施提供了重要保障。其四，多渠道、多形式的投诉途径保证了老年人能获得高质量居家养老服务。目前，在人口老龄化加速发展的过程中，沈阳市也相继采取了一系

列措施，如大力发展社区卫生服务、家庭护理服务等，使医疗卫生服务逐步由医院向社区、家庭延伸，在一定程度上满足了居家老人的健康需求。但目前社区养老在资金支持、服务管理、服务内容的提供及服务的监督等方面均缺乏相应的管理与运行机制，使社区养老并未发挥其应有的社会作用。

鉴于此，借鉴澳大利亚社区居家养老服务的成熟经验，结合沈阳市具体实际及老年人需求，建立居家养老服务的申请、评估与监督机制，加大从业人员的范围和培训力度，开展多样化的居家养老服务项目，满足居家老人多层次、个性化的照护需求，促进社区居家养老服务的快速发展。

第四节　德国"多代居"养老新模式及启示

在德国，养老形式早已走出了家庭赡养的传统模式，为了促进养老服务切合老人实际需求，德国又推出了"多代居"养老新模式。

一、多代互助社区养老模式

多代互助社区养老模式作为一类特定的合作居住模式，以代际互动为核心目标开展社区建设，通过配备公共活动空间、组织社区活动等手段，促进非血缘关系的老年人与年轻人在社区层面上的跨代合作。各类多代互助社区的本质都是通过配套相关服务设施与活动空间，为居民的代际间会面与交流提供场所，但不同社区间推动代际融合的途径存在差别。

在联邦政府的大力推动下，德国已形成较为完善的多代互助社区养老模式。据统计，多代互助养老模式在老年公寓、集体住宅等合作居住的养老形式中占比达29%，仅次于阿尔茨海默病患者集中监护社区。至2014年，87%的德国城镇拥有至少一个多代互助养老社区，根据其组织模式、社会关系等的不同，可以划分为以公益志愿活动为核心的志愿型多代互助养老社区和以社区共同营造为主线的住宅型多代互助养老社区。

（一）德国多代互助养老模式的发展历程

德国的多代互助养老模式历史悠久，根据发展规模、建设主体等方面的差异大致可划分为三个发展阶段。

德国最初的多代互助养老社区源于 19 世纪，由单身女性组织召集不同年龄的女性群体共同居住，建立了第一个独立运作的多代社区。社区内部以宗教信仰为主要的关系维系纽带，并未设立明确的社区组织规章，居民基于自身道德约束维持社区的日常运作。在 19 世纪至 20 世纪的多代社区养老起步阶段，多代社区的建设并非特意针对社会老龄化问题，更多是特定人群的自发性聚居。

进入 20 世纪后，德国 60 岁以上人口占比首次超过 20%，多个面向老龄化问题的多代互助养老社区依次出现，多代合居实践进一步发展，如德累斯顿的、魏玛的等。在该阶段，德国多代互助养老社区仍以私人投资为主，但已逐渐形成民间社区联盟。20 世纪 90 年代中后期，官方统计的德国多代社区数目达 303 个，其中有 212 个多代屋项目由城市养老社区联盟协调统筹管理，此时大部分多代屋的资金运作模式与普通私人住宅相同，建设资金由对"多代合居"理念有浓厚兴趣的居民共同承担。20 世纪至 21 世纪是多代社区养老蓬勃发展的阶段，项目数量迅速增长、运作模式日益成熟，但以民间联盟为主导形式的住宅型多代互助养老社区普遍对入住居民的收入水平存在一定准入要求，低收入阶层的居民难以参与到多代社区养老中。

自 21 世纪以来，德国老年人口持续增长，10 年间平均增长率高达 15.7%，增速显著提升。面向大规模老年人口亟待解决的养老问题，欧盟、世界卫生组织等跨国政府组织开始密切关注代际关系、养老服务等问题，先后发布《老年友好城市》《积极老化与密切代际联系的欧洲年度主题》等一系列政策。德国政府也将多代养老社区行动上升为国家策略，2006 年联邦政府家庭、老年与妇女部门发布《多代屋行动计划》等系列多代互助养老社区鼓励政策，要求每个城市布局至少一个多代互助社区节点，构建覆盖全德的多代社区网络体系。

2000—2011年间，德国以志愿型多代社区为主的新增社区项目达106个，年均增长率约为6.5%，覆盖了德国的大多数城市。21世纪至今是德国政府大力推动多代互助养老社区项目发展并取得显著成效的阶段，在有效减轻国家财政养老负担的同时，解决了居民单代居住比例高、代际交流衰退等社会衍生问题。但在政府的资助政策下，部分居民出于保障性住房的考虑加入多代屋、参与社区生活的意愿较为消极，对社区的运作效果可能造成一定程度的影响。

回溯德国多代互助养老社区的发展历程，实质上也是社区服务供给模式的演变过程。多代互助养老社区最初源于民间自组织，社区营造的市民基础良好，社会文化沉淀浓厚，在20—21世纪期间，自下而上营造的多代社区突出居民的全流程参与、社区养老与家庭生活的密切结合，即住宅型多代互助养老社区模式；21世纪政府部门介入后，开始出现一批与成熟运营、规模化运作的志愿活动紧密结合的多代社区，即志愿型多代互助养老社区模式，从而形成多元互补的多代社区养老服务供给体系。

（二）多代互助社区营造机制

多代互助养老社区的营造往往以公共起居室等社区公共空间为设施载体，通过组织社区活动促进老年人与年轻人共处。在社区服务供给主体、社区营造流程等方面，志愿型多代互助养老社区与住宅型多代互助养老社区存在一定程度的不同。

志愿型多代互助养老在政府的引导下通过社区改造等途径将家庭教育中心、老年人看护机构等传统社区服务设施改造为低门槛的社会服务机构，如教区聚会室、母亲中心等，从而引入多代互动要素吸引市民群体。在形成较为稳定的市民参与群体后，针对不同类别的人群分别开展多代午餐、互助小组及主题课程等不同形式的日常活动。社会组织引导各年龄段志愿者参与社区建设，为社区居民提供养老、亲子、教育等公共服务。在志愿型多代互助养老社区中，老年人既可能是志愿者，也可能是被帮助者。

在住宅型多代互助养老社区的营造过程中，市民组织与地产公司、社会组织等合作，在社区规划建设过程中探索增进社区开放性、包容性的措施。住宅型多代互助养老社区通过规划建设的共同参与过程，强化居民的社区责任感与归属感，形成紧密联系的社区纽带，促进代际交流互动。在社区建成后，居民组成自治委员会进行社区自治，开展各类社区活动。一般而言，老年人在居民自治委员会中承担了主要责任，在此过程中较好地发挥了自身价值。

二、多代互助社区养老模式对沈阳养老服务的启示

德国的多代互助养老社区在多元化、多主体的养老服务体系下，积极探索非血缘关系多代居民间的代际支持，以及社区营造与社会活动的深度融合，对于沈阳养老服务体系的构建具有重要借鉴意义。

（一）完善养老体系，服务多元化老年群体

德国的多代互助养老模式采用社区邻里互助的途径，重点面向子女赡养缺位的老年人群体，将非血缘关系的代际互助养老活动作为家庭养老模式的重要补充，以邻里社区为平台，借助社会组织力量有效解决这部分老年人群体的养老问题。

借鉴德国多代互助养老社区的经验，沈阳有必要引入多代互助养老模式，重点针对无看护留守老人提供支持性的社区养老服务，进一步拓宽养老服务体系的人群覆盖面，为居家养老模式提供有效补充，进一步完善沈阳普惠性养老服务体系。在此基础上，针对不同老年人群体特征及诉求对养老服务供给进行细分，面向有家庭赡养条件的老年人提供家庭养老服务，面向高龄、失能、"三无"等特殊老年群体提供机构养老服务，以起到有效的托底作用；面向有生活

自理能力、精神文化生活方面有一定需求的老年群体提供社区养老服务，依托社区地缘优势，综合政府部门、社会组织等多主体力量开展多代互助养老服务。

（二）优化社区养老方式，满足精神养老的需求

德国多代互助养老模式注重为无血缘多代居民的共同生活提供空间场所、支持政策等全方位的保障，通过非血缘的代际社区互动，充分满足单代居住老年人群的多层次需求，构成"国家—家庭—社会"养老体系中的重要板块。

借鉴德国多代互助养老社区积极为多代居民日常生活交往营造环境支撑的相关经验，将多代养老社区与沈阳的社会保障政策相结合，为以家庭为基础的全龄化养老模式提供有效补充。鼓励民间非政府组织积极参与养老社区建设，引导居民参与社区规划设计、建设实施、运营管理的全流程，营造有归属感的社区文化。以社会组织为主体自下而上地组织多代居民开展互助活动。引导老年群体积极参与照看儿童、代际经验交流等多形式的公共服务使其成为维系社区联系与邻里精神的载体，从社区文化层面为综合性养老社区运营模式进行切实有效的补充与优化。

（三）政府与社会组织合作，转变养老服务供给模式

德国的多代互助养老社区起源于民间组织，围绕"公众参与"和"多代社区"概念相结合的理念，以社会组织作为纽带构建多方协同参与的社区养老平台，在社区营造全流程中贯穿代际交流与互助活动。

根据老年群体个性化、多元化诉求，借鉴住宅型多代互助养老社区与志愿型多代互助养老社区的运作模式，可在政府政策的引导与约束下鼓励社会组织积极参与多代互助养老社区建设，以更好地解决老年群体的养老服务供给问题。与此同时，由于多代互助养老模式的实施成效更多取决于居民个体的自我约束，而非强制性法律规章，因此需结合沈阳社会发展的实际情况对服务供给模式进行相应的适地化调整。秉持新公共管理理念，政府部门一方面可通过公

共财政、秩序化监督等多种手段主导多代互助养老社区的建设；另一方面也可鼓励社会力量参与，以弥补政府无法覆盖的养老需求，协助政府实现政策的落实与执行。以社区为平台，整合市场、社会组织、公民个人等多方力量，建设一个全面、多元、立体的养老服务体系，实现全社会养老服务的高质量供给。

第六章

//

沈阳市"品质养老"民生工程的实践探索

为了更好地推动养老事业的发展，提升养老服务的水平，更好地服务老年人、幸福老年生活，共同构建幸福、和谐的社会，沈阳市根据自身养老服务情况，多措并举，实施了"品质养老"民生工程，对沈阳市养老服务工作开展了探索与创新，提升了沈阳市养老服务工作的品质。

第一节　沈阳市"品质养老"民生工程的主要成效

2013年以来，沈阳市深入实施积极应对人口老龄化国家战略，根据沈阳市老年人服务的具体情况，创新政策与措施，开展了一系列卓有成效的养老服务改革工作。10年间，沈阳市坚持把发展养老事业作为民生大事，取得了一定成果。

一、"数"说"品质养老"

2013 年至今，沈阳市在养老服务方面稳扎稳打，取得了一定的成绩，具体成绩有如下几个方面。

其一，养老机构是沈阳市"品质养老"的重要基础。2013 年至今，全市养老机构床位从 2.8 万张增至 4.2 万张，其中护理型床位由 8500 张增加至 2.2 万张，占比达到 55%，提前完成"十四五"规划目标。养老机构规模的扩大，为沈阳市推进专业化养老提供了坚实的基础。

其二，医疗服务是沈阳市"品质养老"的重要特征。2013 年至今，全市养老机构 100% 提供医疗卫生服务，医疗卫生机构 100% 建立老年人就医"绿色通道"。医疗服务的全覆盖，为沈阳市养老服务兜底，提升了沈阳市养老服务的品质。

其三，普惠型养老服务中心建设是沈阳市"品质养老"的重要突破。引进中国健康养老集团在东北建设首个普惠养老骨干网项目，已建成 26 个"品质过硬、价格亲民"的普惠型养老服务中心，辐射百个社区，让老年人真正养得起老、养得了老、养得好老。普惠型养老服务中心建设，为沈阳市品质养老服务提供了新的思路。

其四，全市区域性居家养老服务中心是沈阳市"品质养老"的重要提升。全市区域性居家养老服务中心从 10 个增至 279 个，社区养老服务站从 400 个增至 955 个，城市社区养老服务设施覆盖面大幅提升，"一刻钟社区养老服务圈"基本形成。在这种情况下，沈阳市"品质养老"工作得到了质的飞跃，更多的老年人在"品质养老"工程建设中受益。

其五，城市社区政府购买居家养老服务试点增加是沈阳市"品质养老"的重要补充。城市社区政府购买居家养老服务试点从 2021 年的 100 个扩面到目前的 200 个，农村居家养老服务试点从 2019 年的 10 个发展到 109 个，经济困难、高龄、失能、空巢、留守老人享受到了政府免费提供的助浴、助餐、室内清洁、起居照料等基本养老服务，累计提供免费服务时长超 10 万小时。城市社区政府购买居家养老服务试点增加，惠及沈阳市更多老年人，"品质养老"工程初见成效。

二、"品质养老"成绩回顾

2015 年，沈阳市成立沈阳市加快推进养老服务工作领导小组，由市政府主要领导担任组长，高位推动养老服务体系建设，34 个成员单位建立了跨部门联动机制，协同推动解决养老服务企业在土地规划、消防审批等方面的"堵点""难点"问题，到 2019 年，养老机构管理服务质量类指标合格率达到100%。2019 年 10 月，《沈阳市居家养老服务条例》颁布实施，沈阳成为全国第二个对居家养老服务进行立法的副省级城市。随后，先后出台了《沈阳市推进养老服务高质量发展实施方案》《沈阳市推动"品质养老"三年行动计划》等政策性文件 60 余个，切实为养老服务行业发展营造了良好的制度环境。

2013 年以来，沈阳市先后被确定为全国首批养老服务业综合改革试点城市、第一批国家医养结合试点城市、第一批参加国家普惠养老城企联动专项行动地区、全国首批居家和社区基本养老服务提升行动实施地区，在探索医养结合、普惠养老、智慧养老等多种新型养老模式上实现了改革突破。通过实现设施与服务的"双保障"，切实打通了养老服务"最后一公里"。

三、"品质养老"亮点剖析

按照"振兴新突破、我要当先锋"专项行动部署要求，民政部门多措并举促进各项养老服务工作全面抓紧抓细抓实。针对 90% 以上老年人选择居家养老的实际，推出建设"家庭养老床位"新举措，为全市 4500 户经济困难、计划生育特殊家庭中的失能老年人建设家庭养老床位，把养老设施、标准化服务"搬"进失能老人家庭，每人每月可享 20~45 小时照护服务，让更多因各种原因无法入住养老机构的老年人在家享受到与养老服务机构相同标准的专业服务。

沈阳为养老服务企业定制了财政补贴、政府购买服务、审批"绿色通道"、税费优惠等 20 余项扶持政策，吸引了泰康之家·沈园项目、华润润馨汇养老中心、上海福寿康、江苏安康通、北京乐老汇等一批国内养老行业知名企业进入沈阳市场。2023 年上半年，成功引进德国蕾娜范集团，实现了外资养老服务企业的"零的突破"。

不断强化科技赋能，搭建了养老大数据平台，开发了"沈阳养老"小程序，为有需求的老年人生成电子服务卡，通过"点单"模式为老年人提供服务 5.73 万次。同时，针对独居、高龄老人面临的居家安全问题，搭建了"智能看护"场景，通过为老年人家庭安装紧急呼叫、生命体征监测等智能化设备，提供远程监测等服务，为老年人日常生活提供安全保障。

四、"品质养老"发展展望

面对沈阳市养老的新形势，沈阳市民政部门将按照切实兜牢基本养老服务保障底线、不断扩大普惠养老服务供给、多元满足高品质养老服务需求的工作思路，加强"品质养老"民生工程建设。将出台《沈阳市基本养老服务清单》，妥善解决老年人及其家庭的"急难愁盼"问题。

未来 5 年，沈阳市将持续扎实有效地做好养老服务各项工作，努力构建居家社区机构相协调、医养康养相结合的养老服务体系。社区养老服务设施配建达标率达到 100%，特殊困难老年人月探访率达到 100%，城市社区"一刻钟养老服务圈"全面建成，政府购买居家养老服务和困难老年人家庭适老化改造范围逐步扩大。星级养老机构占比达到 80% 以上，护理型床位占比达到 60% 以上，公办养老机构入住率达到 60% 以上。养老机构与医疗机构合作机制不断健全，提供医疗服务的养老机构比率达到100%，基层医疗服务与社区养老服务深度融合，覆盖城乡的老年健康服务体系基本建立。

第二节　沈阳市"品质养老"民生工程的具体举措

近年来，沈阳市"品质养老"逐步推进，形成了有效的养老机制，也涌现了养老的创新典型。

一、沈阳养老"五大机制"的实施

针对人口老龄化呈现出基数大、增速快、高龄化、需求广等特点，沈阳市着力构建养老服务顶层设计、兜底保障、精准供给、多元参与、服务保障"五大机制"，有力推动了沈阳市养老事业标准化、多元化、多样化发展。

（一）沈阳市养老服务的顶层设计

沈阳市着力构建顶层设计机制，促进养老服务可持续发展。其一，组织领导层面，沈阳市成立34个市直有关部门参加的加快推进养老服务工作领导小组，通过加强领导，不断压实各级政府主体责任。其二，立法保障层面，2019年10月1日，沈阳市养老服务的重要文件《沈阳市居家养老服务条例》正式实施，并配套出台实施意见，明确沈阳市居家养老服务发展的指导思想、总体目标、重点任务和保障措施。其三，规划设计层面，沈阳市完成《沈阳市养老服务设施布局规划（2018—2035）》和《沈阳市养老产业规划（2019—2025）》编制工作，构建了科学的居家养老服务设施空间格局，推动养老产业可持续发展。沈阳市养老服务顶层设计，从宏观角度规范了沈阳市的养老服务工作，使沈阳市养老服务工作更具系统性，也使沈阳市养老服务工作有据可依、有法可依。

（二）沈阳市养老服务的兜底保障

沈阳市着力构建兜底保障机制，确保实现老有所养。提升特殊困难老年人基本生活保障水平，2019 年，沈阳市城市特困人员供养标准达到每人每月 1105 元，沈阳市农村特困人员集中供养标准达到每人每月 820 元，分散供养标准达到每人每月 655 元。沈阳市发挥特困供养服务在养老服务中的兜底作用，依托 37 家农村中心敬老院收养有集中供养意愿的特困老年人，连续三年全额资助分散供养特困老年人办理意外伤害保险。沈阳市为经济困难的失能、半失能老年人每人每月发放 80 元护理补贴，帮助其解决实际困难。沈阳市开展农村居家养老服务试点，使近 3000 名老人从中受益。沈阳市养老服务的兜底保障，对于特殊困难老年人来说是雪中送炭，也是及时雨，保障了特殊困难老年人养老的基本需求。

（三）沈阳市养老服务的精准供给

沈阳市着力构建精准供给机制，拓宽为老服务保障渠道。一方面，落实配建标准，将社区居家养老服务设施配建要求纳入到规划条件中，新建居住区按每百户 35 平方米标准配建社区居家养老服务设施，已建居住区按每百户 25 平方米标准配建居家养老服务设施。扩大设施供给，在街道层面，每个区域性居家养老服务中心服务范围覆盖周边 1~2 个社区；另一方面，在社区层面，依托社区养老服务站，着力打造"一刻钟居家养老服务圈"。截至 2019 年年底，全市共有 160 个区域性居家养老服务中心、600 个社区养老服务站。促进医养结合发展，充分发挥养老机构辐射带动作用，鼓励养老机构开办老年病院、康复院、医务室等医疗卫生机构。截至 2019 年年底，全市 94% 的养老机构可以为入住老人提供医疗卫生服务。沈阳市养老服务的精准供给，缓解了沈阳市养老服务的压力，提升了沈阳市养老服务的质量。

（四）沈阳市养老服务的多元参与

沈阳市着力构建多元参与机制，充分发动社会力量参与，夯实政府保障，深化"放管服"改革，取消养老机构设立许可审批，全面放开养老服务市场。努力拓宽为老服务设施保障渠道，特别是针对尚未达到标准的老城区，积极通过资源整合、购置、租赁、腾退、置换等方式予以解决。激发社会力量参与，成功引入中国健康养老集团，启动了城企联动普惠养老专项行动战略合作，三年内将投资近3亿元分两批建设116个区域性居家养老服务中心。推动养老产业健康发展，连续举办10余届中国（沈阳）国际养老服务业博览会，促进"养老服务＋老年人用品产品＋文化旅游"等服务融合发展；2019年，举办中日养老服务产业交流会，引进日本日医学馆与市养老产业集团合作，拟建设东北地区最大的老年认知症障碍托养机构。沈阳市养老服务的多元参与，丰富了沈阳市养老服务的资源，激发了沈阳市养老服务领域的积极因素，激发了沈阳市养老市场的活力。

（五）沈阳市养老服务的服务保障

沈阳市着力构建服务保障机制，持续提升养老服务质量。大力提高信息化水平，着力打造"互联网＋养老服务"和智能化的新型管理服务模式，市级养老服务信息化平台建设顺利推进。持续加强标准化建设，出台《沈阳市养老机构服务质量星级评定办法（试行）》和《沈阳市区域性居家养老服务中心和社区养老服务站星级评定办法（试行）》。有效提升服务监管能力，深入开展养老院服务质量建设专项行动，全面清除重大风险隐患。通过财政补贴支持养老服务机构购买养老服务设施公众责任险，提高其服务保障水平。不断壮大养老专业人才队伍，多部门联合出台《关于开展老年服务与管理类专业毕业生入职养老服务机构补助工作的通知》，为直接从事一线养老护理服务工作的毕业生给予4万元~6万元不等的一次性奖励。鼓励社会组织和志愿力量参与养老服务，在30个社区开展为老服务志愿者试点，逐步补齐养老人才短缺短板，让老年人享受到更专业、更优质的养老服务。沈阳市养老服务的服务保障，巩固了养老服务改革的成果，提升了沈阳市养老服务的品质。

二、沈阳社区互助式养老的创新

在沈阳市"品质养老"工程建设中，出现了社区互助式养老的新模式，这种模式是沈阳市"品质养老"工程的创新亮点，为沈阳市养老服务工作的开展提供了动力和活力。下面，介绍几个具有典型意义的互助式养老模式。

（一）庐山社区："邻里守望"模式

庐山社区隶属于皇姑区黄河街道办事处，居住人口 8858 人，老龄人口 1879 人，老年人口数占全社区人口数的 21%。

1. 模式简介

"邻里守望"模式是基于在一个小区里居住的老人，因相似的生活习惯结识，遇到生活上的不便可以互相帮助。这些老人基本都属于空巢老人，这里的"空巢老人"不单单是指子女不在本地的老人，也有那些不与子女一同居住的孤寡老人，他们虽然在一个城市，但他们的子女因工作繁忙，可能一周回家看一次，有的甚至一个月才能回家看老人一次，这些老人虽然基本上都能够自理生活，但是有时遇到发烧、感冒，或者是发生一些意外情况时，子女无法及时来照顾老人。这时就很需要在近处的邻居来搭把手了。

"邻里守望"活动由社区进行宣传，但社区并不组织，而是由老人们自发组织，根据老人们的生活习惯自动结为"邻里守望"的多个小团体。比如说有的老人习惯早起买菜，那么这个小团体的老人会每天相约早上几点一起去买菜。如果哪一天早晨有某个老人没有下楼，其他的老人就会在楼下"相守""相望"，实在等不到，就上楼去找一找看一看，如果确实这个老人因为今天有点不舒服而没有下楼买菜，那么其他老人就会帮他下楼买菜，并且可以对这位老人加以简单的照顾。如果这个老人病得比较严重，其他老人可以帮助老人及时与医院取得联系，帮助老人联系子女。这种细小的举动，基本上不需要任何经济投入，但却一方面解决了老人在生活时遇到的小问题，另一方面也让老人与邻居之间的情感进行了沟通，使老人得到了精神上的照顾。倘若真的发生了一些意外，那么也可以由邻居发现，不至于拖得太晚，造成更严重的结果。还有一些老人可能会通过一起下棋、一起跳广场舞或有其他的一些爱好，也可以实现"邻里守望"的模式。大家一起结伴，互相守望，心中有一个互助的意识，谁没被"守望"到，大家就一同帮帮他，从而实现了邻里之间的互助，这样既是低成本的，又是很实用的，是一个"性价比"很高的养老模式。

2. 模式特点

"邻里守望"模式有如下几个特点：

第一，低成本。在邻里守望模式中，并没有一个特定的组织者与管理者，只是需要社区进行宣传，让老人们有这样的互助意识，所需要的人力成本很低，而经济成本几乎可以忽略不计。大家也没有特定的活动场地，而是凭着一种默契习惯与邻里情感而维持的一种互助模式。

第二，互助老人年龄较高。在"邻里守望"模式中，所参与的老年人以70岁以上的居多，年龄阶段基本都属于中龄老人或高龄老人。因为在这种模式中没有活动量特别大的互助内容，互助对象基本上都是一些因为生活习惯而结识的老年人，往往是年龄偏大、身体健康状态不稳定的独居老人更有意愿加入这种互助模式当中。

第三，稳定性较差，缺乏持续性。由于这种互助模式没有一个固定的组织者与管理者，导致这样的互助模式稳定性比较差。有可能有一些老人因为自身原因不再参加某一个日常活动，在没有及时告知其他老人的情况下，会让其他老人白白"守望"，使这种互助模式的信任度降低，从而影响这种模式的长远发展。

（二）北行社区：楼长带领互助模式

北行社区隶属于皇姑区黄河街道，居民人数9176人，其中老龄人口1602人。

1.模式简介

楼长带领互助模式是由楼长所带领的。这里的"楼长"并不是一个有工资可拿的岗位，而是由一个单元楼里面选出一位有威望的老人，来自愿担任这项工作。这位楼长一般会由一位退休的单位领导干部或者老党员来担任。他对这份工作抱有热情，希望再次发挥自己的社会价值，同时也有比较重的责任心。这个单元里的老人如果有一些小问题，可以寻求楼长的帮助，楼长能够解决的，组织楼里的老人一起帮忙解决，解决不了的，可以找社区党组织书记、居委会主任或其他社区工作者。

楼长与社区的工作人员不同，他们与楼层里居住的老人比较熟识，而且更容易掌握这些老人的生活状态：是否为独居老人，或者是谁的家里又发生了什么变故，又或者社区里有一些针对老年人开展的活动时，楼长有一个传达的作用，这种传达要比社区工作者的宣传效果好得多，可以让楼层里的老人更好地参与活动当中，提高了老人们参与活动的积极性。当然楼长除了帮助大家解决问题以外，也可以组织大家开展一些娱乐活动，丰富老年生活。

2.模式特点

楼长带领互助模式有如下特点：

第一，楼长带领互助模式对组织者要求较高。楼长带领互助模式中最大的特点在于对楼长的要求很高，楼长是这种互助模式中的组织者，他年龄不能过高，身体健康状况比较好并且是这栋楼里比较有威望，大家基本都熟识的老人。在性格上是有责任心且愿意帮助他人的，思想觉悟比较高。

第二，楼长带领互助模式要求互助老人有感情基础。在开展楼长带领互助模式的社区内，老人多为同一工厂或国企退休，他们在退休前就彼此熟识，也了解大家基本的家庭状况，愿意相信楼里居住的其他老人，对楼长也是比较信服。所以遇到问题以后，即使大家平常交集并不是很多，也愿意相互帮助。这样不仅帮助了他人，也在老朋友的社交圈子中有了更高的威望。

（三）欣鑫社区：兴趣团互助模式

欣鑫社区是沈北新区正良街道下辖社区，原属城乡接合部。

1. 模式简介

欣鑫社区有一种互助模式是以兴趣为导向，大家依据自己的兴趣爱好，参与到不同的兴趣团队。例如歌唱团、太极拳团、绘画团、剪纸团等。在每个团队中都有一个团长，这个团长也就是在这个团队中特长最为突出的人，团长基本都不是从事这项爱好的专业人员，只是学习的时间长，钻研程度深，并且乐于把这项特长教给有共同爱好的人，大家就逐渐凝聚在一起，每天都会碰面，一起学习、交流，有时还会开展演出，展示大家的成果。这样的共同爱好，使大家彼此结识，当谁家里遇到困难时，在群里知会一声，大家都会帮忙。在调研中，正巧碰到一位团员不幸确诊为乳腺癌，团里的朋友都积极为她捐款，并且鼓励她与病魔抗争，能够早日回到团队中来，甚至有几个平常关系好的团员，会时常去医院探望，帮助家属照顾老人。

2. 模式特点

兴趣团互助模式的特点如下：

第一，参与老人比较低龄化。兴趣团互助模式，由于大家都要有一定的兴趣爱好，所以参与的老人年龄较低并且身体素质较好，可以每天都走出家门与大家一同培养兴趣爱好，并且他们离开工作岗位时间不是很长，社会参与积极性仍然非常高。

第二，强调老有所乐。这种模式中大家更重要的不是解决生活中的困难，而是在学习兴趣当中发现自己的长处，结识了更多的朋友，排解生活压力，丰富自己的内心世界，甚至有一些兴趣团会参加市里、区里组织的比赛，大家团购衣服每天抓紧训练，生活非常充实快乐，真正做到了老有所乐。

第三节 沈阳市"品质养老"民生工作的发展对策

沈阳养老服务的对策建议，主要有几个方面：

一、明确指导思想

立足沈阳实际，围绕"两个一百年"奋斗目标，坚持"党政主导、政策扶持、社会参与、全民关爱、市场推动"的原则，构建城乡"品质养老"服务体系，提升养老福利、服务水平，通过体制机制创新加快推进"品质养老"服务，建立服务方式的多元化、投资主体的多样化、居家养老普及化、机构养老设施完善化、服务队伍专业化、服务水平标准化的覆盖城乡的"品质养老"服务体系。以现代养老服务产业链的建设，推动现代服务产业的大发展，使其成为沈阳新的经济增长点。同时，努力构建和完善政府主导社会参与的人人享有基本养老社会服务的保障体系，努力满足老年人不断增长的物质、精神文化需求。

二、确立发展目标

在将来沈阳应基本建立起以居家养老、社区照顾、机构供养相结合的，布局合理、规模适度、功能完善、覆盖城乡的新型"品质养老"服务体系；初步建构起结构合理、门类齐全、管理规范的老龄产业发展体系；逐步建立起基层组织健全、精神文化生活丰富、社会参与广泛、合法权益有效保障的老年社会管理体系，使沈阳的养老服务水平达到国内先进水平，最终实现沈阳老年人老有所养、老有所医、老有所教、老有所学、老有所为、老有所乐的目标。

三、完善运行机制

（一）发挥政府的主导作用

在构建养老服务体系过程中，应充分将政府的带头引导作用发挥出来，鼓励更多的社会人士、团体参与到这一进程中来。沈阳的养老服务可从以下几点着手：第一，加强制度建设和政策扶持。一方面，进一步健全"三无""五保"等措施，进而让特殊老年群体能够享受到最基本的养老服务，保障基本生活。另一方面，继续推进高龄补贴制度。针对经济发展水平相对较高的区域，可以结合实际情况增大补贴力度，除此之外，对那些非营利养老机构，或居家养老服务组织，可以给予一定的税收优惠或减免措施。第二，加强服务供给，鼓励和支持其他社会主体积极参与到这一事业的建设中来，进而从整体上推动这一事业的蓬勃发展。第三，提高资金投入。当前，无论是沈阳还是全国，养老服务产业的发展空间都比较大，政府能够基于宏观政策调控来推动这一事业的市场化运作进程。

（二）构建完善的养老体系

第一，加强整合养老服务资源。要立足于沈阳市经济社会发展水准，精确精准定位和推动养老商业保险制度建设，适度扩张养老商业保险制度建设资金在财政支出中的比例，激励和支持适度、恰当，正确引导社会资本融合项目资金参加养老服务，加强对土地、资金、技术、出色优秀人才等各因素的确保，有效综合，合理、有效分配养老服务设备，营造和激发养老市场发展活力，在宜人环境中提升老年人生活质量。

第二，加强养老服务多样性的融合。根据适当普惠福利理论，养老服务在一定水平上可以被视作准公共产品，政府的核心作用只有加强，不可以削弱。要把养老要求作为养老服务体系建设的立足点和关键，加强政府对不同困难人群的基本岗位工作职责，恰当正确引导和支持多样化养老服务，让每个人都有基本的养老服务，为更多人提供便捷、性价比高的养老服务和商品。特别要加速综合城乡养老服务体系建设，适当向落伍农村倾斜，逐渐缩小城乡差别。同时，要考虑地域差别、人群差别、个人差别，丰富养老服务内容，提升养老服务水准，增设加强心理咨询、老人临终关怀、文化游戏娱乐等内容，推动多样化养老服务体系建设。

第三，完善管理体系。要进一步充分发挥市、县（市）区养老服务发展领导小组的作用，每月或每一季度准时剖析和鉴别养老体系建设领域存有的问题，进一步充分发挥组织领导和多方向推动的作用，同时完善对管理组织的工作人员配备，形成民政部门带头、各部门相互配合的合作管理体系。

第四，确立岗位职责。养老服务体系建设需要政府、市场、社会、家庭的精准定位，要进一步明确参加者的岗位工作职责，进一步建立岗位职责分工、日常任务和岗位工作职责，避免"全方位承担"和角色缺位的产生，努力搭建政府、市场、社会、家庭一同参加、各负其责的基本格局，深层次融合资源，充足且充分发挥各自优点，取长补短，为老年人提供多方向、多样化的养老服务。

（三）加强养老服务行业规范和监管

政府要深入调研养老服务情况，进一步加强政策制定，努力健全养老服务体系，建设行业标准和服务管控体系，加速提升养老服务体系规范化水准。一方面，要加速推动养老组织评级体系建设，明确评价标准，多方位提高服务质量达标，推动总体养老服务质量提高，促进更多养老组织能够达标。另一方面，加快养老服务综合性管控体系建设，创建各部门各司其职、融洽联动的养老服务综合性管控体系，推动以民政部门为核心的跨部门协作管控和分级管控体系建设，加强信息联动和数据共享资源管控，关键管控养老服务、消防安全、食品安全、资金安全，加速创建养老服务领域的社会信用体系评定和失信处罚体系，将养老服务机构的信用管理信息准时向社会发布，对违背要求的养老服务组织和工作人员进行惩罚。

四、构建服务体系

（一）发挥居家养老的基础性作用

弘扬孝善文化，推动代际关联和睦。通过电视、广播、综艺、新媒体等多种宣传方法，积极主动做好对中华传统孝善文化、孝善故事和现代养老核心理念的宣传策划、方案策划和教育，在社会上散播孝善的共识和核心理念，推动代际良性互动交流和沟通交流。在居家养老中，子女应当时时刻刻关注和照料父母的养老要求。根据自己的具体状况，他们很有可能支持并完成父母的基本医护、健康、心理等养老服务。与此同时，父母也应当充足了解和协助子女，尽可能缓解子女的一些压力，以保证良性互动交流、真诚和睦的代际关联。同时，探寻创建一定的居家养老补助制度，激励和督促家庭成员担负更大的赡养义务，将赡养父母的行为列入社会诚实守信记录，加强对不赡养父母案例的警示教育，推动将赡养老年人变成积极主动行为。

（二）发挥社区养老的依托性作用

第一，加速健全日托中心功能。加强日托中心资金投入和配套设施设备建设，进一步推动有条件的村（居）建设日托中心，扩大定居地养老服务覆盖面和深度。与此同时，创建经营补助制度，保证已建日托中心的正常经营，积极主动引入社会资本、社会团体等第三方专业组织，系统经营日托中心，合理处理部分中心设备闲置不用问题，提升运用率。同时，加强居民区健身、游戏、娱乐场所建设和硬件配置配备、设备及配套设施设备建设，使老年人可以就近、便捷地进行有关活动，持续提升服务满意度。

第二，丰富服务内容。按照社会分层理论，居家养老与其他方式不同，有着明显的分散性特征，这对服务供给机构提出了更高的要求。对于有生活自理能力且子女在身边的老人，其养老服务可由子女满足，不需过多参与。对于空巢老人，他们的养老服务需求通常有家政服务以及精神层面的需求。同时针对那些身体条件不好、丧失自理能力的老年群体而言，他们需要更为全面的养老服务。考虑到不同老年群体在这方面的需求存在差异，要做到以下几点：其一，基于居家养老这一根本性任务，积极展开居家养老服务；其二，由居家养老的内容着手，提供有针对性的服务内容；其三，进一步提升居家养老服务的信息化水平，方便对需求信息进行梳理和对接；其四，要重视服务质量，积极构建这方面的服务反馈制度。

第三，整合社区养老服务资源。不只是沈阳，甚至包括全国，大大小小的社区均存在部分失独、失能及残疾老年群体，这些都是社区养老需要处理的问题。因此，从全局来看，应该综合考虑老年群体的身体情况、年龄、收入等情况，积极吸纳当前老年人的建议，同时对现有的社区养老服务资源进行整合，进而从整体上丰富他们的物质生活、精神生活。一方面，要进一步强化老年服务的财力支持，采取财政专项拨款的形式为社区养老提供资金支持。与此同时，社区也可利用市场或资本渠道，引导社会组织以及民间力量将资金投放到养老服务体系建设中。另一方面，要完善社区养老服务设施，优越的设施能够直接反映出社区养老服务的水平，所以，应强化在这方面基础设施的投入力度。硬件方面，可结合社区具体情况，健全有关配套设施设备和装置，如酒店、医护中心、养老院、畅通通道等；软件方面，应进一步强化在社区文化以及信息化方面的建设。

（三）发挥机构养老的补充性作用

第一，加强养老组织建设。健全养老组织合理有效布局，在确保养老服务基本要求的基础上，逐渐转向为社会老年人提供更普遍的基本养老服务。同时，提升养老服务组织质量，通过财政补贴、融资担保、税款优惠、选购服务等方法，支持和正确引导社会力量参与养老组织建设和经营。此外，加强养老组织建设的资金投入，通过新建、改建、更新，提升养老组织床位配备占比，提升养老组织入住率，改善养老服务的环境质量。

第二，加强养老组织的管理。进一步推动授权委托管理、公共性建设和个人建设，进一步创建完善养老组织的管理标准、服务标准、评议制度等制度，加强安全性确保、卫生服务、紧急管理、教育培训等层面的标准和实际指导，提高服务质量，等等。同时，加强养老组织资质证书、资格证书审批，创建养老组织服务点评管理机制。此外，进行星级标准建立活动，充分发挥星级养老组织的示范性和推动作用。健全管控体系，创建社会资本准入条件和撤出标准，激发市场活力，提升养老组织制度化水准。

（四）发挥医养融合的支持性作用

在全方位推动医养融合，积极主动搭建医养资源共享、功能相辅相成、井然有序发展、互利共赢的医养融合发展模式，努力完成养老与诊疗的合理连接。

第一，大力发展诊疗医护合作。加强同一区域或相邻区域的养老组织的卫生机构和诊疗设备。同时，健全养老组织附近医疗机构的诊疗"绿色通道"和双向转诊制度，积极主动探寻推动医疗机构与养老组织联动结合发展的方式，探寻和促进将部分合乎条件的养老组织和诊疗健康保健中心服务种类列入城乡基本诊疗商业服务商业保险花费费用报销范畴，加强医护服务诊疗，确保资金支持。

第二，激励持照医师多执业。对于小区诊疗中心或养老组织附近的卫生机构，激励有资质证书的医生灵活开展养老医护服务，并进一步提升他们在小区诊疗中心的工资待遇，给予参与养老医护服务的医生一定的补贴。同时，创建家庭中医生补助制度和考评制度，加强乡镇医生的专业培训，保证卫生管理和卫生服务不断、有针对性、方便快捷，提升家庭中医生的服务质量和效率。

第三，创建养老医疗保障制度。通过签署合作协议等方法，促进医疗机构与养老组织创建合作关联，与此同时，创建财政补贴制度，合理填补医疗机构经济效益低、积极性差的缺陷，激发医疗机构的积极主动性，充足且充分发挥诊疗资源相对性比较有限的优点，准时走访调查养老组织，进一步处理养老组织诊疗资源不够的问题，提升诊疗服务水准。

（五）发挥自助养老的辅助性作用

从传统养老的惯性来看，很多老年人选择了自助养老。因此，在养老服务过程中，发挥自助养老的辅助性作用也是非常关键的。首先，应当激励老年人充分发挥他们的余热。激励和支持老年人根据自己的具体状况和心愿，进行单独养老或夫妇互帮互助。其次，对具备一定活力的老年人进行志愿服务，考量志愿服务的长度，建设属于养老服务的"时间银行"，未来，老人或家属可以得到同样种类的积分和同样总数的服务，进而将协助他人与自助融合起来，构建老人有事可做、老有所得的社会氛围。

五、提升服务水平

（一）发展特色养老服务产业

要根据沈阳市独特的生态环境、经济、文化推出一系列特色养老服务，形成具有辽宁特色的养老服务品牌。其一，要鼓励养老企业逐渐壮大，并形成龙头养老服务企业，形成精致的小型养老企业，鼓励这些养老企业在研发、引进养老服务产品及器具方面起到重要的作用。其二，要建立老年人用品测试、体验馆，推广新式养老模式，提升养老器具水平，引入社会资本，促使行业相互交流、相互促进、协同发展。其三，要营造家政服务、文化游戏娱乐、学习培训、新科技金融等领域的老年商业服务经济，积极主动为老年人提供更多特点种类的养老服务。其四，要注意将养老服务推广到全社会，对于一些大中型商业服务综合性体、大型超市等，可以专门设计老年人的系统分区，营造一些老年用具的品牌。其五，激励银行、信托等金融企业进入养老服务业。尤其是可以健全适合老年人的理财产品、融资质押贷款等产品，以达到老年人晚年资产管理的要求。

（二）搭建智慧养老信息服务平台

对我国的养老服务体系的构建过程而言，一个良好的养老信息服务平台至关重要。目前，沈阳尚未有一个系统的综合性养老服务平台，这同样让养老服务质量很难获得可靠的保障。尤其是在寻找符合养老服务个性化要求的服务时造成了一定的不便，平台的建立可以让其更为便捷，特别是在老年人提出定制化服务时作用更为突出。因此，构建高效的信息服务系统非常关键。建设过程中，要充分考虑其可覆盖到智慧养老体系各个方面，如社区、志愿者、个人以及服务提供者等相关信息。通过建立一个信息数据库，降低信息不对称问题，基于老年人需求，在数据库中匹配与其要求相符的服务者，实现优质的个性化服务。另外，为了方便老年人使用，让其有更好的体验，要充分考虑老年人对智能设备操作不熟悉的问题，通过设计服务快捷键或人工服务界面，保障平台使用效果。

（三）构建"一刻钟养老助老服务圈"

目前，沈阳市重点推行1+4+2诊疗确保体系改革（"1"是力争到2030年，全面建成以基本医疗保险为主体，医疗救助为托底，补充医疗保险、商业健康保险、慈善捐赠、医疗互助共同发展的多层次医疗保障制度体系；"4"是健全待遇保障、筹资运行、医保支付、基金监管四个机制；"2"是完善医药服务供给和医疗保障服务两个支撑），致力于缓解人民群众诊疗压力，改进民生和场所，维护社会和睦平稳。总的来说，目前沈阳市养老服务体系依然支离破碎，确保体系存有缺点，管控体系存有系统漏洞，服务不及时。因而，可以进一步搭建"1+4+2"三级养老服务体系。如《实施意见》关键论述了以基本医疗保险为主体，医疗救助为基础，赔偿性医疗保险、长期性诊疗商业保险、商业服务健康保险、公益性慈善供给、诊疗互帮互助合作的诊疗确保体系。

目前来看，可以运用具体的县级和市级养老服务设备，完成乡镇养老服务设备的一般总体目标，如为生活困难的老年人提供较为适宜的居住环境，并提供无偿或者补偿性的集中化养老服务。与此同时，各种养老服务设备的服务半径可以适度交叉式重合。一方面，老年人可以就近挑选适合的养老服务组织。倡导老年人在不超出 15 分钟的时间内就可以得到便捷、快捷、专业的养老救助服务。尤其是现在，沈阳市特别欠缺更为健全和专业的日托中心，因而应当为该中心奠定牢固的基础，填补其不足，以推动沈阳市养老服务的长久发展。

六、培养服务人才

（一）引入专业社会工作者

社会工作者属于现阶段社会养老服务中最为重要的人才力量。开展养老服务，必须要有对应的专业人才支撑。引入社会工作者，能够在第一时间了解老年人的需求及在服务过程中的具体问题，以便有针对性地进行改正，推动养老服务体系的长效发展。尽管国内有不少地区在养老服务中引入了社会工作者，但在不少经济发展水平比较落后的地区，社会工作者非常少。对此，沈阳有必要积极鼓励培育专业社会工作者人才，鼓励更多的专业社会工作者参与其中，这不仅能够有效提升养老服务的资源利用效率，同时对提升养老服务质量有着重要的意义。

（二）加强专业护理人员培训

健康对于老年人来说非常重要，老年人的健康护理工作是养老服务的核心内容。因此，在养老服务中，对于专业护理人员的数量和质量都有着很高的要求。目前来看，养老服务欠缺专业的护理工作者，因此，要加强老年护理、老年医学等方面的培训，培训更多的专业护理人员。一方面，可以对医疗工作者进行相关的培训，提升医疗工作者的护理水平，助力养老服务；另一方面，可以从社会招募相关人员，进行老年护理、老年医学等方面的培训，补充到专业护理队伍中来。

（三）组建青年志愿者队伍

目前来看，随着人口老龄化提速，社会对于养老服务有着越来越多的需求，养老服务人员的工作越来越重要。养老服务人员的服务可以让万千老年人老有所养、老有所乐，许多敬老爱老的故事广为流传，养老服务人员也得到了大众的肯定。在当前环境下，伴随老年人队伍的壮大，除了专业的养老服务人员外，招募养老服务志愿者，为养老服务带来新生力量，缓解养老服务人员匮乏的问题也是至关重要的。在实际操作上，可面向老年群体招募一些热心公益事业的老人进行互帮互助。也可以鼓励大学生参加助老服务，如此不但有助于培育学生的敬老意识，也可节约养老服务的人力和经济成本。除此之外，可以借助奖励方式，以志愿者的综合服务时间和整体服务质量为基准，给予相应的物质或精神奖赏，让志愿者获得被认同感，从而更好地参与到养老服务中来。

第四节　沈阳市"品质养老"民生工程的发展趋势

目前来看，沈阳市"品质养老"民生工程的实施，已经极大地提升了沈阳市养老服务的质量，惠及更多的老年人。未来，提升沈阳市"品质养老"质量，还要在以下两个方面发力。

一、加强农村养老服务

关于农村养老服务的概念界定，许多学者都给出了相应的定义，总结起来，农村养老服务的概念包括三个方面，分别是：第一，供给对象是农村的老年人；第二，农村养老服务供给的目的是满足农村老年人对养老服务的需求；第三，农村养老服务具有公共产品的特点。综上所述，可以这样认为，农村养老服务是国家和地方政府为了满足农村老年人对生活、服务的需求而建立的以政府为主导，结合市场和社会组织共同为农村老年人提供养老服务保障的服务体系。

随着我国社会经济的不断发展，沈阳市农村养老服务供给主体也逐渐丰富，逐渐转变为由政府部门为主导，市场组织、非营利组织、社区和家庭为辅的共同养老服务供给主体。在未来农村养老服务方面，沈阳市农村养老服务供给内容方面应该包括：其一，政府养老服务政策、社会保障制度、老年人日常照料、老年人医疗护理服务以及其他农村养老服务等，让农村养老服务的供给逐步向城市养老服务看齐。其二，政府作为农村养老服务供给体系的主导，不仅要在政策制定方面加强管理，同时还要积极引导其他供给主体参与到供给体系建设中，在强调农村养老公益性的同时，也要强调其市场性。其三，市场、社区和社会组织作为农村养老服务供给体系的辅助主体，需要结合自身优势，通过不断补充和完善政府服务供给存在的单一性和不均衡等问题，实现城乡养老服务的一体化推进。其四，家庭依然是我国农村养老服务供给主体，受到传统历史文化的影响，重视孝道文化对当前农村养老服务中精神需求有着不可替代的作用，因此，要通过宣传、表彰、补贴等多种形式，加强以家庭为单位的农村养老服务供给。

二、加强智慧养老服务

智慧养老是信息技术在养老服务领域的应用，是未来养老服务的必然趋势。

（一）智慧养老服务的内涵

智慧养老是基于一系列现代信息技术的支持下，创立老年人信息数据库，对老年人的物质生活和情感生活进行支持；针对老年人存在的各类医疗、娱乐以及日常生活等方面的需求提供专业化的养老服务；对涉老信息进行检测、预警、处理，从而在真正意义上实现老年人与信息通信技术的智能交互。在此基础上，结合老年人自身实际需求，提供优质的养老服务。

老年人是智慧养老主要的服务对象，采用智慧养老模式可以为老年人提供高效的养老服务，使得老年人生活质量更高。在智慧养老服务平台的支持下，能够实现为养老机构、养老驿站、日间照料中心等养老服务组织，提供精准化多元化的信息服务，把社区老年人的生活服务需求与社区供给结合起来，使养老服务更加精准、便捷和高效。有学者将智慧养老的概念界定为，依托于智慧养老系统的支持，实现对老年人生活状态的实时准确监控，并根据老年人的实际需求提供针对性服务的养老模式。在该模式的支持下，能够使得老年人的身心状况得到明显改善

智慧养老含义主要包括三个方面，即智慧助老、智慧孝老和智慧用老。"智慧助老"是在物质和技术上对老年人提供支持，"智慧孝老"是子女运用智慧支持模块为父母提供精神方面的支持，"智慧用老"则是充分利用老人的经验、技能和知识。

（二）智慧养老服务的优势

相比于传统养老方式，智慧养老有以下两个方面优势：

第一，数据的收集和存储。针对传统养老产业来讲，其主要采用的是粗放型的发展模式，服务投放标准尚不健全，服务对象也相对模糊，目标对象的实际需求难以得到高度重视。而智慧养老产业基于现代信息技术的支持，能够实现对数据信息的智能化、规模化采集，能够源源不断地提供老年人的信息资料，丰富了服务的广度和深度。

第二，明确需求及决策智慧化。通过对传统养老产业供给结构进行分析，首先应构建科学合理的需求模型，其次对目标对象进行有效界定，最后提供针对性的供给内容。这种方式缺乏个性化服务，种类也较为单一。而智慧养老的模式可以挖掘市场的潜在需求，起到引领市场的作用，达到"精准决策"。

（三）智慧养老服务的应用

未来沈阳智慧养老服务应该做到以下两点：

　　一方面，沈阳市应该建立智慧养老网络，丰富智慧养老内容，提升智慧养老的服务质量，发挥智慧养老服务的优势。沈阳市应该充分利用互联网来整合养老资源，包括饮食、医疗资源，尽可能使养老资源达到物尽其用。

　　另一方面，沈阳市应当充分利用大数据技术，为每个老年服务对象提供精准的服务方案，进一步提升智慧养老的服务水平。沈阳市应当充分利用大数据技术，为需要特殊养老服务的老年人制定个性化养老服务方案，提升老年人养老服务水平。

附 件

附件一：沈阳市养老服务调查研究报告

当前，正确应对我国老龄化现状是国家级战略。国务院颁布的《"十四五"国家老龄事业发展和养老服务体系规划》提出，"十四五"时期，积极应对人口老龄化国家战略的制度框架基本建立，老龄事业和产业有效协同、高质量发展，居家社区机构相协调、医养康养相结合的养老服务体系和健康支撑体系加快健全，全社会积极应对人口老龄化格局初步形成，老年人获得感、幸福感、安全感显著提升。因此，满足老年人需求的品质养老体制也必须随着老年人口需求的多样性尽快完善。由此可知，建设完善与新时代人口老龄化进程相适应的品质养老服务体系日益紧迫。当前，国内各地区结合自身实际情况出台了一系列应对措施，品质养老服务体系较之前得到飞速发展。作为东北核心城市的沈阳，老年人口已经非常庞大，根据我国 2020 年的人口普查数据显示，沈阳市 65 岁以上人口占总人口的比例为 15.7%，远远超过了国际上关于深度老龄化社会的认定标准，城市老年人口对于养老的多元化需求也日益显露。为此，对沈阳市养老服务体系进行系统研究，对沈阳市乃至整个东北地区提升养老品质，有效应对新时代养老问题具有深远意义。

一、研究背景

（一）沈阳市基本概况

沈阳是辽宁省省会、副省级城市、特大城市、沈阳都市圈核心城市，是东北地区重要的中心城市、先进装备制造业基地和国家历史文化名城。沈阳市位于中国东北地区的南部、辽宁省中部。全市总面积 1.286 万平方千米。沈阳市辖 13 个县级政区，即和平、沈河、铁西、皇姑、大东、浑南、于洪、沈北、苏家屯、辽中 10 个市辖区，新民 1 个县级市，法库、康平两个县；下设 181 个乡级政区，即 112 个街道、53 个镇、16 个乡。

沈阳是东北地区最大的中心城市，有"东方鲁尔""共和国长子"的美誉。沈阳是正在建设中的沈阳经济区（沈阳都市圈）的核心城市。地处东北亚经济圈和环渤海经济圈的中心，工业门类齐全，具有重要的战略地位。以沈阳为中心、半径 150 公里的范围内，集中了以基础工业和加工工业为主的八大城市，构成了资源丰富、结构互补性强、技术关联度高的辽宁中部城市群。沈阳拥有东北地区最大的民用航空港，全国最大的铁路编组站和全国最高等级的"一环五射"高速公路网。沟通世界各大港口的大连港、正在开发建设的营口新港和锦州港，距沈阳均不超过 400 公里，具有得天独厚的地理区位优势，作为东北中心城市的沈阳，对周边乃至全国都具有较强的吸纳力、辐射力和带动力。

沈阳森林面积为 14.7 万公顷，草场面积为 8.2 万公顷。水资源总量为 32.6 亿立方米，其中地表水面积 11.4 亿立方米、地下水 21.2 亿立方米。已发现各类矿产 36 种，其中探明储量的矿种 13 种，煤 20 亿吨，天然气储量 107 亿立方米。

沈阳地处辽宁中部城市群中心，150 公里为半径的范围内，分布着钢铁基地鞍山、煤炭基地抚顺、化纤基地辽阳、煤铁基地本溪、石油基地盘锦、煤粮基地铁岭、电力基地阜新 7 座大型工商业城市，构成了经济联系特别紧密、市场容量巨大、发展前途十分广阔的辽宁中部城市群体。不仅可为工业企业提供取之不尽、用之不竭的矿产资源，而且还是一个购买力极强的产品销售市。

根据沈阳市公安局月报统计数据显示，截至 2020 年 12 月末，沈阳市户籍人口为 762.2 万人，同比增长 0.8%。其中，市区人口为 620.2 万人，占全市总人口的 81.4%。在全市 13 个区、县（市）中，铁西区人口最多，为 101.1 万人；康平县人口最少，为 33.7 万人。

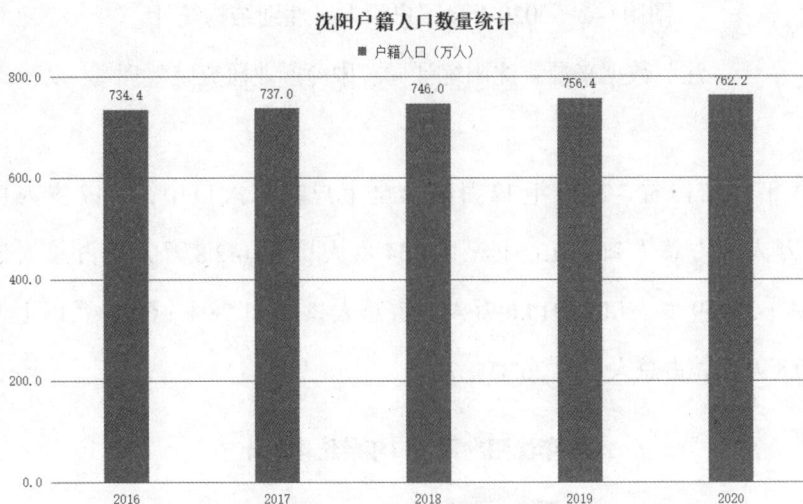

图附1-1　沈阳户籍人口数量统计

注　数据来源：沈阳统计局、中商产业研究院整理

从性别结构看，2020 年 12 月末，全市户籍总人口中，男性为 374.1 万人，占全部人口的 49.1%；女性为 388.1 万人，占全部人口的 50.9%。性别比为 96.4。

2020年沈阳户籍人口性别结构统计

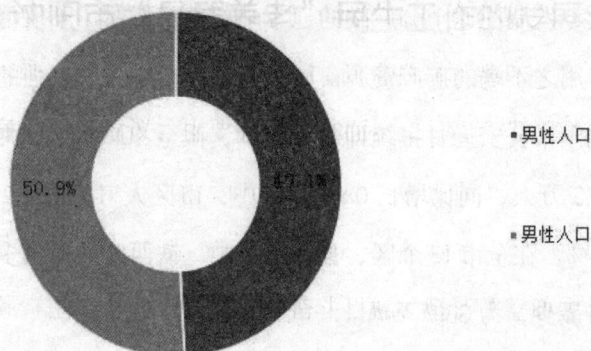

图附1-2　2020年沈阳户籍人口性别结构统计

注　数据来源：沈阳统计局、中商产业研究院整理

从年龄结构看，2020年12月末，全市户籍总人口中，0~17岁人口为104.0万人，占总人口的13.64%；18~34岁人口为142.8万人，占总人口的18.73%；35~59岁人口为314.6万人，占总人口的41.28%；60岁及以上人口为200.8万人，占总人口的26.35%。

2020年沈阳户籍人口年龄结构统计

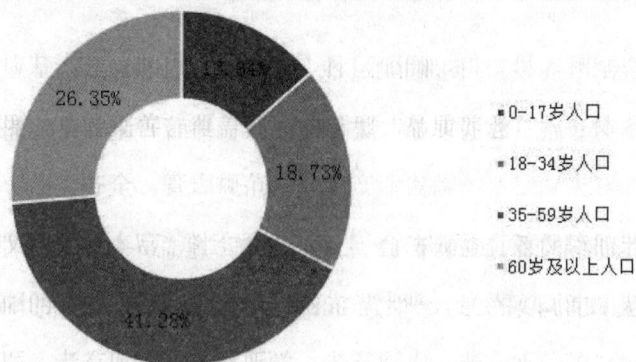

图附1-3　2020年沈阳户籍人口年龄结构统计

注　数据来源：沈阳统计局、中商产业研究院整理

从城乡结构看，2020 年 12 月末，全市户籍人口中，城镇人口 549.5 万人，乡村人口 212.7 万人。城镇化率为 72.09%，比上年同期上升 0.65 个百分点，户籍人口城镇化水平进一步提高。

数据显示，2022 年地区生产总值（GDP）7695.8 亿元，比上年增长 3.5%。其中，第一产业增加值 335.2 亿元，增长 2.1%；第二产业增加值 2885.5 亿元，增长 3.7%；第三产业增加值 4475.1 亿元，增长 3.5%。三次产业结构为 4.4：37.5：58.1。全市人均地区生产总值 84268 元，比上年增长 3.1%。2022 全年沈阳居民人均可支配收入 45500 元，比上年增长 2.6%。城镇居民人均可支配收入 51702 元，增长 2.2%；人均生活消费支出 36541 元，下降 0.8%。农村居民人均可支配收入 22352 元，增长 3.2%；人均生活消费支出 15303 元，增长 2.9%。

2022 年城镇新增就业 12.9 万人，援助就业困难群体就业 1.9 万人。年末城镇登记失业人员 10.0 万人。全市实有市场主体 112.0 万户，比上年末增长 9.2%。其中，企业 35.3 万户，增长 7.0%；个体工商户 75.9 万户，增长 10.3%；农民专业合作社 6948 户，增长 0.4%。

（二）沈阳市老龄化情况

我国自 20 世纪后期以来，已经步入了人口老龄化的高速发展时期。据国家民政部的最新数据显示，到 2021 年为止，全国 65 岁及以上老年人口达 2 亿以上，占总人口的 13.5%。据测算，预计"十四五"时期，60 岁及以上老年人口总量将突破 3 亿，占比将超过 20%，进入中度老龄化阶段。截至 2022 年底，我国失能半失能老年人口已突破 4000 万，占全国总人口的 18% 左右。80 岁以上老年人口有 2400 万，占总人数的 11%，每年还会增加 100 万人；而城市和农村中近 50% 的老人属于空巢老人。据权威机构预估，我国老年人口占比预计在 2035 年达到 25% 以上，人口老龄化趋势越来越突出。伴随发展，更将会在 2050 年左右超过人口总数的三分之一。人口老龄化趋势无法避免，人口老龄化势必会在很大程度上加重社会的负担。对此，大多数发达国家通过不断完善社会养老服务体系的方式尽可能地满足老年人的各类需求，我国当前面对的老龄化问题也和发达国家相同，老龄化程度的日益凸显会对当下社会养老服务体系产生一定的负担。同时，也是对养老质量体系是否完善的一种挑战和检验。与此同时，相较于欧美等国家，国内在品质养老方面的发展水平还比较滞后。针对这一情况，进一步完善现有的养老服务体系，不但能够高效增强养老服务能力，还有助于整合各类社会资源，提高老年人的幸福指数。

据第七次全国人口普查数据显示，截至2020年年底，沈阳市60岁及以上人口约为210万人，占全市总人口的23.24%，与2010年相比，比重增加了7.94%，15~59岁人口的比重比2010年下降了9.57%，平均每个家庭户有2.18人，比2010年减少了0.47人。老年人口的比例增加，劳动年龄人口的比例减少，家庭户的规模在逐步减少，家庭结构逐渐向小型化趋势靠近，家庭成员数量减少以及家庭户规模变小，对老年人承担照护义务成员会越来越少，这样一来，家庭照护就更加困难，高水平的养老更难实现。截至2018年底，沈阳市80岁以上高龄老年人24.4万人，83.4万空巢老人，20.6万失能、半失能老人，人口老龄化正在快速推进，高龄、失能和半失能老人人数伴随着人口的老龄化也可能会上升，沈阳市的人口老龄化程度远远超过全国和辽宁省的平均水平，因此人口老龄化问题十分严重。

二、沈阳市老年人口现状

（一）沈阳市老年人口基本状况调查

作为老工业基地，沈阳从1989年就进入老龄化社会，比全国提前了10年。"十二五"期间，沈阳市60岁以上老年人口达122.9万，占人口总数的17.1%，沈阳市进入老年人口的快速增长期，全市老年人口将以每年6%的速度递增。截至2021年底，60周岁以上户籍老年人口206.6万，占全市户籍人口总数的 27.1%；60 周岁以上常住老年人口 210.79 万，占全市常住人口总数的 23.24%，人口老龄化水平远高于全国和辽宁省平均水平，在 15 个副省级城市中位居前列，老龄化形势十分严峻，沈阳将迎来人口高龄化的高峰期。而且随着高龄、空巢、失能老人的增加以及高龄化程度的逐年加剧，养老负荷日趋加重，人口老龄化问题已深刻影响到我市经济、社会的协调发展，并成为事关构建和谐沈阳的进程能否顺利实现的重大社会问题。

表附1-1　2021年3月末沈阳市各县区60岁及以上老年人口数

区域	60岁及以上人口（万人）	所占比例%
全市	206.6	100
和平区	19.7	9.5
沈河区	22.0	10.6
大东区	21.1	10.2
皇姑区	23.9	11.6
铁西区	29.5	14.3
苏家屯区	12.2	5.9
浑南区	9.2	4.5
沈北新区	8.6	4.2
于洪区	11.1	5.4
辽中区	13.3	6.4
康平县	8.1	3.9
法库县	11.5	5.5
新民市	16.5	8

注　数据来源：沈阳市统计局网站

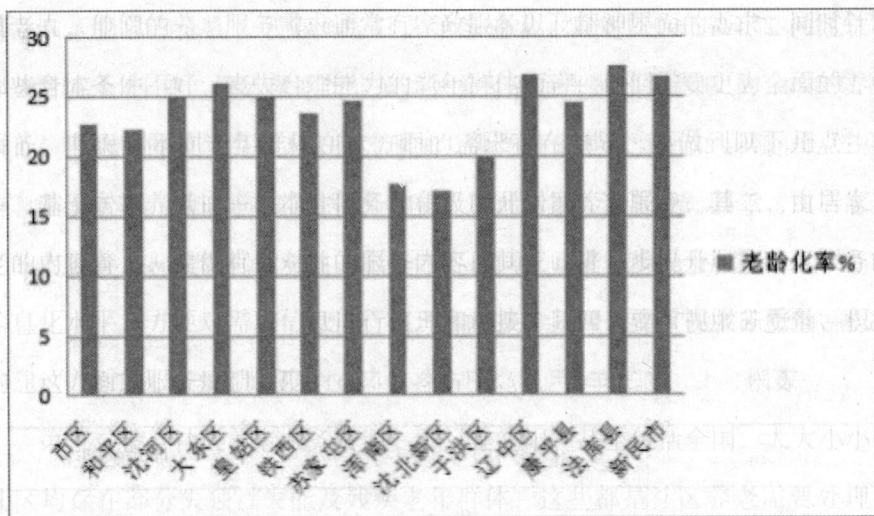

图附1-4　2020年沈阳市各区县（市）老龄化率

注　数据来源：沈阳市统计局网站

根据图附 1-1 显示，2021 年 3 月末，沈阳市户籍人口 762.6 万人。其中 60 岁及以上人口 206.6 万人，占总人口的 27.1%。从各区县（市）60 岁及以上老年人口看，铁西区居首位，为 29.5 万人，占全部老年人口的 14.3%；其次是皇姑区，为 23.9 万人，占全部老年人口 11.6%；再次是沈河区，为 22.0 万人，占全部老年人口的 10.6%。老年人口最少的康平县为 8.2 万人，占全部老年人口的 3.9%；其次是沈北新区，为 8.6 万人，占全部老年人口的 4.2%；再次是浑南区，为 9.2 万人，占全部老年人口的 4.5%。从图附 1-4 可以看出，截至 2020 年底，除浑南区和沈北新区外，沈阳市其他区县（市）的老龄化率均在 20% 以上，而浑南区和沈北新区的老龄化率也超过了 17%。大量老龄人口的出现不仅决定了全社会所要承担的养老责任越来越大，而且还决定了居家养老成本越来越高。

（二）老年人对养老服务的需求现状

1. 老年人样本基本概述

本文运用了访谈法和问卷法对老年人进行调查，抽取了皇姑区柳江、牡丹、北塔、白楼、芙蓉山社区，沈北新区鑫欣、富源居、太湖社区，于洪区五彩阳光城、中海城社区，铁西区人民里、北一路社区，和平区八卦街、电业社区共 14 个社区，分别进行了走访调查。对上述社区所管辖的部分小区和区域性居家养老服务中心里的老年人进行问卷调查和访谈，共计调查 200 名老人，回收有效问卷 197 份，问卷有效率 98.50%；共访谈了 20 位老人。

在调查对象的选取上，柳江社区、白楼社区、芙蓉山社区、富源居社区属于老年人数量较多的老旧小区，老年人对养老服务的需求较为迫切，而且这些社区养老服务设施较少，对这些社区进行调查更能了解老年人的养老服务诉求；牡丹社区、北塔社区属于所在社区内区域性居家养老服务中心运行较好、具有典型性的社区，对其进行调查更具代表性，可以反映社区居家养老服务的共性问题。

（1）老年人的年龄分布

以老年阶段的分类标准来调查老年人的年龄分布，更能体现样本的科学性。依据我国老年阶段的分类标准，60~69 岁的为低龄老人，70~79 岁的为中龄老人，80 岁及以上为高龄老人，将老年人年龄按照上述标准进行了调查。

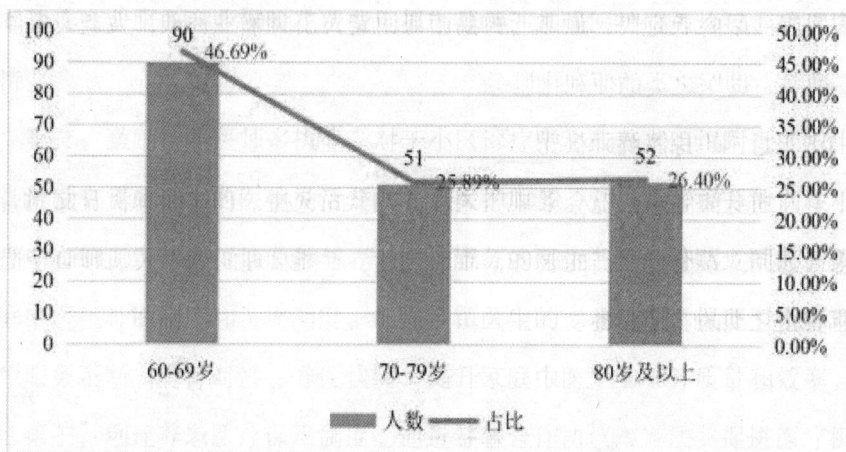

图附1-5 老年人的年龄分布

由图附 1-5 可知，在被调查的老人中，低龄老人为 90 人，占比为 46.69%；中龄老人为 51 人，占比为 25.89%；高龄老人为 52 人，占比为 26.40%。低龄老人比重最大，其次是高龄老人和中龄老人，虽然低龄老人占比最大，但中高龄老人组合起来的占比也不容小觑，可达 52.29%。

（2）老年人的居住情况

老年人的居住情况能够反映老年人是否需要其他人员为其提供养老服务。

表附1-2　老年人的居住情况

居住情况	人数（人）	占比
独居	23	11.68%
与配偶居住	116	58.88%
与子女居住	58	29.44%

由表附 1-2 可知，与配偶居住的老人为 116 人，占比 58.88%；与子女居住的老人为 58 人，占比 29.14%；独居的老人为 23 人，占比 11.68%。这与生活节奏加快有关，老人的子女大多有了自己的家庭或是在外地工作，大多数老人都是和配偶一起居住，缺少子女的照顾。而子女不在身边，老人在遇到困难和突发状况时，仅凭自己或配偶或许无法很好地解决，社区居家养老服务则能够发挥在社区内响应快、距离近的特点帮助老人及时解决困难，为老人提供助餐、助急、助医之类的便利化服务。

（3）老人的身体健康状况

老人的身体健康状况会影响养老服务内容的选择，身体健康状况好的老人更愿意选择文娱健身之类的服务，而半自理、不能自理的老年人则倾向于选择医疗保健之类的养老服务。

表附1-3　老人的健康状况

健康状况	人数	占比
健康	122	61.93%
半自理	61	30.96%
不能自理	10	5.08%

如表附 1-3，身体健康状况为健康的老人有 122 人，占比 61.97%；身体健康状况为半自理的老人有 61 人，占比 30.96%；身体健康状况为不能自理的老人有 10 人，占比 5.08%。由此可见，接受调查的老人身体健康状况比较好，在对大多数老人的养老服务提供上应侧重于文体娱乐之类的养老服务，对身体健康状况不好的老人提供有针对性的医疗保健类养老服务。

（4）老人的经济情况

老人的经济情况会对其养老生活质量和购买社区居家养老服务的意愿与支出产生影响。

表附1-4　老人的经济情况

变量	类别	人数	占比
经济来源	退休金	178	90.36%
	子女提供	55	27.92%
	财产性收入	19	9.64%
	政府补助	3	1.52%
月收入	2000元以下	28	14.21%
	2000~3000元	106	53.81%
	3000~4000元	50	25.38%
	4000元以上	13	7.11%

续表

变量	类别	人数	占比
每月可承受的养老服务费用	500元以下	56	28.00%
	500~1000元	63	31.50%
	1000~1500元	47	23.50%
	1500~2000元	22	11.00%
	2000元以上	9	4.50%

如表附1-4可知，老人的经济来源主要是退休金，占比高达90.36%；子女提供占少量部分，比例为27.92%。在月收入方面，大多数老人的月收入在2000~4000元，少部分老年人的月收入在2000元以下。在每月可承受的养老服务费用方面，大部分老人可承受的养老服务费用在1500元以下。

可见，大多数老人的经济状况处于中等水平，每月可承受的养老服务费用大部分在1500元以下，这一方面与老人的经济收入处于一般水平有关，另一方面则是因为大多数老人消费观念比较保守。

2. 老人对各类养老服务的需求情况

依据《沈阳市居家养老服务条例》中的养老服务内容，调查了老人对各类养老服务的需求。

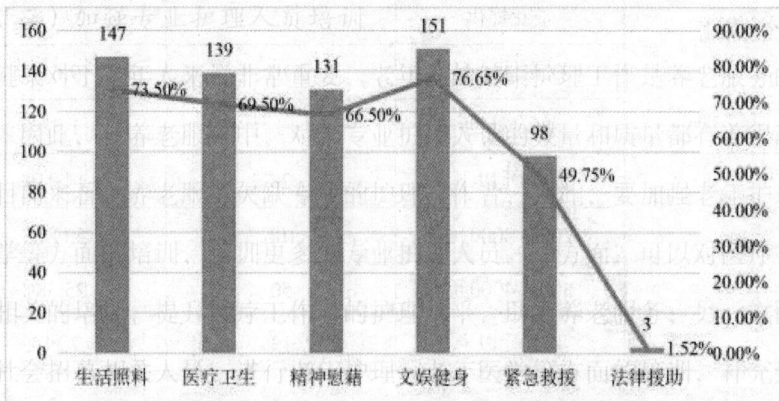

图附1-6　老人对各类养老服务的需求情况

了解老人对各类社区居家养老服务的需求情况，有助于调整养老服务的供给内容，使之契合老人的需求。如图附 1-6，文娱健身是老人最为喜爱的养老服务种类，占比 76.65%，这与老人对健康的重视有关，健康中国战略的推进，让健康老龄化的观念越发受到老人的重视。老人对生活照料类服务的需求占比为 75.50%，说明生活照料是老人需要的基础性养老服务类别，其中的"六助"服务能够满足老人基础的生活照料需求。老人对医疗卫生类服务的需求占比为 69.50%，说明老人比较重视在自己身体状况不佳时能够得到相关的治疗、康复护理、陪诊就医。老人对精神慰藉类服务的需求占比为 66.50%，这与老人的居住方式有关，前文提到绝大多数老年人的居住情况为独居或与配偶居住，子女不在身边，没有能够交流的人，让老人感到孤独，需提供精神慰藉类服务来帮助他们排解寂寞。因此，应该特别注意老人需求高的文娱健身、生活照料、医疗卫生、精神慰藉类社区居家养老服务的供给情况。

三、沈阳市社区居家养老现状调查

（一）沈阳市居家养老服务中心调查情况

重点调查走访了 4 个具有代表性的区域性居家养老服务中心，将其以 A、B、C、D 来命名，通过与区域性居家养老服务中心负责人、养老服务人员、区域性居家养老服务中心所在社区工作人员访谈，了解沈阳市社区居家养老服务的供给。具体情况如下：

A 区域性居家养老服务中心（以下简称"中心"）位于小区内部，与社区居民委员会为邻，是辽宁省社区居家养护服务业试点、智慧健康养老应用试点示范，为社区嵌入式区域性居家养老服务中心。该中心的建筑面积为 600 平方米，运营方式为公办民营，所在的社区为老旧小区，是第一批政府购买居家养老服务社区之一。该中心依据社区内空巢老人比重高的特点，重点推进社区食堂建设，提供助餐服务，助餐价格按老年人的年龄分类给予优惠，让其既可在中心集中就餐，也可选择上门送餐。

B区域性居家养老服务中心位于如意缘小区附近，由辽宁幸福之家养老集团承办，建筑面积1223平方米，是三层建筑的区域性居家养老服务中心。该中心的运营方式为公办民营，提供的养老服务主要是生活照料服务；设有棋牌室、康复训练室、双人间、单人间，配备了洗衣机、电视、护理床等设备；入住了31位老人，入住老人的年龄大多在80岁以上，身体状况为半失能、失能。

C区域性居家养老服务中心由安寓物业承办，是物业承办社区居家养老服务的代表。其位于小区内部，是社区嵌入式区域性居家养老服务中心，建筑面积611平方米，运营方式为民办民营。中心一楼设有中央厨房，可为社区居家老人提供助餐服务；三楼设有双人间、三人间、精神关爱室、洗浴间、健身室、文化休闲区等。6间护理室居住着3位半自理老人，一位专业护士坐诊，巡查房间，观测老年人的身体状况。其老年人活动中心对社区内健康的老人免费开放，邀请快乐时光舞蹈团队、阳光合唱队等团队为老年人举办相关课程。

D区域性居家养老服务中心是中康养沈阳养老投资管理公司旗下乐老汇集团旗下的一家连锁养老服务机构，是辽宁中医药大学附属医院医养结合定点服务机构、尊严养老试点单位、全国倡导全程透明化单位、国家老龄产业协会宜居养生委员会单位。该中心建筑面积692平方米，运营方式为民办公助，它采用社区嵌入式养老服务理念，综合信息化管理模式，打造线上线下相结合的服务，设有23张养老床位，配有棋牌室、书画室、淋浴间、洗衣房等房间，配备了血压计、呼叫器、智能检测设备以及高压电位治疗仪、气波按摩仪等设备。该区域性居家养老服务中心与医院合作，在服务项目的提供上具有一定的医疗特色，能够提供包括压疮换药、吸痰、留置鼻管、鼻饲、导尿、术后康复护理、康复理疗、拔罐、针灸、按摩、推拿等具有医养结合特色的养老服务项目。

（二）沈阳市社区居家养老服务供给的实践现状

1. 养老服务资源供给现状

（1）养老服务资金供给现状

目前，政府以资金支持养老服务重点表现在五个方面：一是财政对养老服务单独列支；二是在养老服务预算执行过程中增加预算；三是给予社区居家养老机构补贴；四是在福利彩票公益金的使用上向养老服务倾斜；五是政府购买部分居家养老服务项目。

在养老服务单独列支方面，根据沈阳市政府网站发布的 2018 年至 2023 年《关于沈阳市预算执行情况和预算的草案》，在 2020 年前，养老服务未单独进入预算列支，而是与其他的预算项目列支在一起。从 2020 年起，财政对养老服务单独列支，养老服务的预算和决算金额随之增加。

表附1-5　养老服务预算与决算金额

时间	预算金额（万元）	决算金额（万元）
2020年	0	827
2021年	100	1494
2022年	3000	3000

如表附 1-5 养老服务预算与决算金额，2020 年养老服务预算金额为 0 元，决算金额为 827 万元；2021 年预算金额为 100 万元，决算金额为 1494 万元；2022 年预算金额为 3000 万元，决算金额为 3000 万元。可见，政府不断加大对养老服务的财政预算与决算投入，对养老服务的重视不断提高。

在预算执行过程中增加预算方面，《沈阳市 2021 年预算执行情况和 2022 年预算草案的报告》显示，2021 年安排改善居家养老、社区养老、机构养老的预算补助资金是 2.60 亿元，而实际的预算执行是 2.10 亿元，预算执行小于预算安排，社区居家养老服务作为其中的重要部分，也能从中受益。

在给予社区居家养老服务机构补贴方面，给予区域性居家养老服务中心

60万~100万元的建设补贴，依据星级评定结果给予区域性居家养老服务中心5万~13万元的运营补贴，并将运营补贴标准上浮20%，以支持社区居家养老服务的发展。在福利彩票公益金的使用方面，政府也重点向养老服务方面倾斜。根据沈阳市民政局发布的《关于2021年彩票公益金使用管理情况的公告》，2021年沈阳市民政局将中央集中彩票公益金4866.70万元投入老年人福利类项目，其中4315.00万元投入2021年居家和社区基本养老服务提升服务项目实施地区，占老年人福利类项目投入的88.66%，年底拨付福利彩票公益金4232.10万元，但实际支付的却只有315.6万元，支付率仅为7.46%。

在政府购买居家养老服务方面，购买包括理发、助浴、室内清洁、送餐、制作老年餐、助行、起居照料、失禁清理、生活自理能力训练9项基本养老服务，购买人工肛门便袋护理、导尿管护理、肌肉注射、鼻胃管护理、PICC护理、压疮护理、上门慢性病管理套餐7项助医类服务。

综上所述，沈阳市政府不断加大对社区居家养老服务的财政支持，通过养老服务单独列支、在预算执行中增加预算、给予社区居家养老机构补贴并上浮运营补贴、加大福利彩票公益金投入、政府购买居家养老服务的部分项目等多种方式给予养老服务资金上的支持。在资金方面源源不断地投入，为社区居家养老服务提供资金上的支撑。但在福利彩票公益金的支付率上，资金的支付率较低。

（2）养老服务设施供给现状

参照中国社会福利与养老服务协会、国家康复辅具研究中心发布的《养老机构设施设备配置规范》，沈阳市社区居家养老服务机构应配备包括生活用房、文娱与健身用房、康复与医疗用房、心理咨询室、老年人活动中心、厨房餐厅等服务设施。这些与《沈阳市居家养老服务条例》《沈阳市区域性居家养老中心设施设计与服务标准》所规定的养老服务设施的供给要求具有高度一致性。根据上述设施配置标准对4家区域性居家养老服务中心进行了调查，具体

情况如下:

表附1-6　区域性居家养老服务中心养老服务设施配置情况

设施类别	具有设施的区域性居家养老服务中心
生活用房	A、B、C、D
文娱及健身用房	A、B、D
康复与医疗用房	D
心理咨询室	C
老年人活动中心	A、B、C
厨房餐厅	A、B、C

由表附1-6可知，A区域性居家养老服务中心具有生活用房、文娱及健身用房、老年人活动中心、厨房餐厅，但缺少康复与医疗用房、心理咨询室。B区域性居家养老服务中心具有生活用房、文娱及健身用房、老年人活动中心和厨房餐厅，但缺少康复与医疗用房、心理咨询室。C区域性居家养老服务中心具有生活用房、心理咨询室、老年活动中心、厨房餐厅，但缺少文娱及健身用房、康复与医疗用房。D区域性居家养老服务中心具有生活用房、文娱及健身用房、康复与医疗用房，但缺少心理咨询室、老年人活动中心、厨房餐厅。总体来看，4家区域性居家养老服务中心都具备基本的生活用房，大体具备文娱及健身用房、老年人活动中心和厨房餐厅，但在康复与医疗用房、心理咨询室的建设方面，大多数的居家养老服务中心存在短板。

（3）养老服务人员现状

笔者通过访谈的方式对4家区域性居家养老服务中心的养老服务人员进行了调查，并依据调查情况制作了下图。

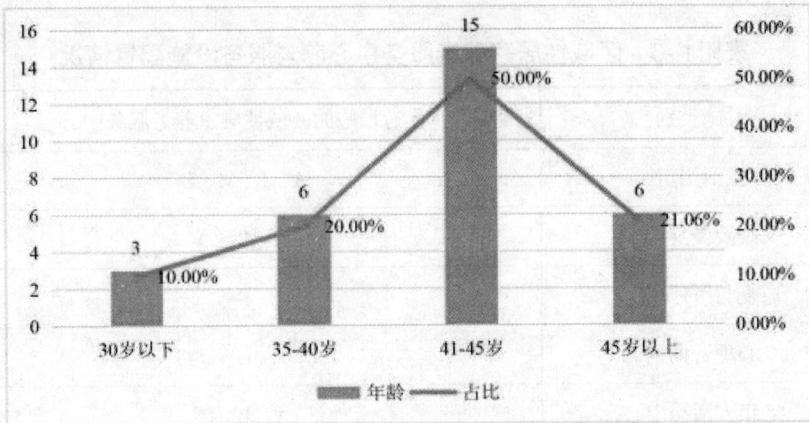

图附1-7　养老服务人员年龄分布情况

如图附1-7，在被调查的养老服务人员中，在年龄分布情况方面，年龄在30岁以下的有3人，占比10.00%；35~40岁的有6人，占比20.00%；40~45岁的有15人，占比50.00%；年龄在45岁以上的有6人，占比20.00%。养老服务人员年龄普遍集中于40岁及以上，年龄偏大，缺少35岁以下年轻力量的参与。

2.养老服务内容供给现状

《沈阳市居家养老服务条例》明确了居家养老服务的内容主要包括生活照料服务、医疗卫生服务、精神慰藉服务、紧急救援服务、文娱健身服务、法律援助服务六大类。根据条例对4家区域性居家养老服务中心的六大类服务内容进行了调查。具体情况如下：

表附1-7　社区居家养老服务内容供给情况

服务内容	能够提供服务内容的区域性居家养老服务中心
生活照料服务	A、B、C、D
医疗卫生服务	C、D
精神慰藉服务	C、D
紧急救援服务	A、B、C
文娱健身服务	B、C、D
法律援助服务	

由表附 1-7 可知：

A 区域性居家养老服务中心提供的服务内容包括生活照料服务（助餐、助洁、助浴、助医、日间照料）、紧急救援服务（智能手环、智慧紧急呼叫器），缺少精神慰藉、医疗卫生、文娱健身和法律援助服务。

B 区域性居家养老服务中心提供的服务内容包括生活照料服务（日间照料、日托服务、洗衣洗被、理发、洗浴、送餐、代购物品、代缴各种费用、家庭保洁、家电维修、灯具维修）、紧急救援服务、文娱健身服务（书画、剪纸、棋牌），缺少医疗卫生、精神慰藉和法律援助服务。

C 区域性居家养老服务中心提供的服务内容包括生活照料服务（日常保洁、洗衣机清洗、助浴、助餐）、医疗卫生服务（测血糖、测血压、家庭医生签约、远程医疗、压疮护理）、精神慰藉服务（关怀访视、生活陪伴）、紧急救援服务（智慧呼叫器）、文娱健身服务（唱歌、跳舞、戏曲、绘画），缺少法律援助服务。

D 区域性居家养老服务中心提供的服务内容包括生活照料服务（助购、助行、助浴、便民服务）、医疗卫生服务（上门护理、康复理疗、长期照护）、精神慰藉服务（心理咨询、情绪疏导）、文娱健身服务（书画、棋牌），但缺少紧急救援服务和法律援助服务。

综合来看，4家区域性居家养老服务中心均能够提供基本的生活照料类服务，在具体的服务内容提供上各有特点；大部分区域性居家养老服务中心能提供紧急援助和文娱健身服务，但普遍缺少精神慰藉和医疗卫生服务的提供，法律援助服务则是全部出现短板。

3. 政府整合养老服务资源现状

政府整合社区居家养老服务资源主要体现在三个方面。

第一，整合养老机构的养老服务资源进入社区，为老年人提供专业化的居家养老上门服务。政府对养老机构进行改革调整，改变单一的入住养老机构的形式，通过招标的方式，使养老机构积极承接社区居家养老上门服务业务。全市有21家养老机构通过招标，开展社区居家养老上门服务业务，让老年人在家即可享受到养老服务机构提供的专业化服务。养老机构上门提供社区居家养老服务既体现出政府更加注重养老服务资源向社区、家庭倾斜，也可使单一的机构养老逐步转化为老年人普遍接受的社区居家养老，让服务进入社区、家庭，扩大了养老机构的服务范围，促进了养老服务的便利化。同时，沈阳市积极开展"城企联动普惠、养老服务项目"，从2019年至2022年，已有21家社区嵌入式普惠养老服务机构投入运营，切实为周边老年人提供"家门口"的社区居家养老服务。

第二，鼓励和支持社会组织的养老服务资源进入社区居家养老服务领域。根据沈阳市民政局发布的社会组织名单，截至2022年11月27日，在民政局注册登记的社会组织中，有106个社会组织注册成为区域性居家养老服务中心，开展社区居家养老服务。

第三，积极引导慈善组织参与到养老服务中。根据沈阳市民政局发布的慈善组织数据，沈阳市共有慈善组织105家，其中参与提供养老服务的慈善组织为29家，占比27.62%。

可见，政府在整合多方养老服务资源、促进供给主体多元化方面取得了一定的成果。一是将养老机构专业化的服务资源引入社区和家庭，提高养老服务资源的利用效率，推进社区嵌入式普惠养老机构发展，嵌入社区使老年人在"家门口"便能享受到近距离、便利化的养老服务；二是鼓励社会组织提供社区居家养老服务；三是引导慈善组织进入社区，参与养老服务的提供。通过鼓励多元主体的参与，使社区居家养老服务的供给者不止局限于政府，转变政府角色，由"划桨者"转变为"掌舵者"，促进养老服务供给主体多元化。

四、沈阳市养老机构基本情况

目前，沈阳市共有养老机构 281 个，其中公办养老机构 45 个、民办养老机构 236 个，社会化养老床位约 5.2 万张。不过，也不是每一个老年人都能进去，还有一小部分老年人，因为生活困难，没有自理能力，一些养老院也不会让他们入住。由于人口的日益增长，以及对生活质量的要求越来越高，许多失能、半失能老人可能会在养老院中度过余生。然而，普通的养老院，医疗水平却很差，大多数养老院，也就是量血压、量体温、量心率之类的最基础的医疗服务。如果老人有较严重的疾病，也要送他们到医院进行治疗。

（一）调研机构情况

通过对沈阳市部分养老机构的实地调研，选择了一些有代表性的养老机构，作了较为详尽的描述。

沈河区 A 老年护理机构是沈河区政府直属的一所公立、公营护理机构，创建于 2001 年 6 月，占地 2500 平方米，建筑面积 2600 平方米，拥有 224 个床位，是市级重点敬老机构。A 机构对全社会敞开大门，接纳能够自理、半失能及完全失能的老人。在养老机构中，有专门的医务室，配备两位医师，为养老机构中的老人进行诊疗，能够达到不出院就能进行诊治的目的。

于洪区 B 机构是一家公建民营的综合型养老机构，属于规模中等的养老机构。该机构于 2016 年 3 月成立，机构自身有独立的果蔬提供地，可以绿色养老。独立院落，入住的老年人可以互助养老、抱团养老。该机构的特色是中医大夫可以针对老年疾病有专门诊治方案，同时有老年日托、家庭保姆、家庭维修、送餐等服务。

大东区 C 机构是民办公助型养老机构。沈阳市大东区 C 机构是一家集康复、娱乐和养老为一体的居家养老服务中心。该机构是采用民办公助形式开设的，中心始建于 2017 年 8 月，前期投入资金 150 万元，于 2018 年 8 月 25 日正式运营。设有多功能厅、图书阅览室、心理疏导室、理疗康复室、休息室、洗浴室、日间照料室、餐厅等，可提供理疗褥疮护理等服务，也可为行动不便的老人提供上门服务。该养老服务中心服务人员经过国家培训部门考试合格持证上岗，全天 24 小时为养员提供多层次、多元化及个性化的服务，同时也为失能及半失能或家中无人照料的老人提供短期或长期托护服务。

沈北新区 D 机构是一家民办民营的医养结合型养老机构，属于规模较大的综合性养老机构。该机构于 2015 年 2 月经民政局批准成立，是集住养、医疗、康复、护理、文化娱乐等于一体的大型医养结合养老机构。该养老机构综合了中国老龄人生活习惯及老年公寓建筑规范标准设计，有大型多功能活动区，如家庭餐厅、康复训练区、药疗浴池等。每个楼层均配有医用电梯、公共区域、配餐室、储物室等公共设施为老年人提供服务。

表附1-8　养老机构概况

	性质	养老模式	成立时间（年）	床位数（张）
沈河区A	公办公营	机构内有单独医疗室	2001	224
于洪区B	公办民营	机构与医院相邻	2016	207
大东区C	民办公助	分配社区医生	2018	400
沈北新区D	民办民营	养老机构与医疗机构合作	2015	520

关于养老机构的床位分布，沈河区 A 机构提供普通床 76 张、护理床 46

张、日间照料床 102 张；于洪区 B 机构提供普通床 100 张、护理床 53 张、日间照料床 54 张；大东区 C 机构提供普通床 80 张、护理床 105 张、日间照料床 215 张；沈北新区 D 机构提供普通床 26 张、护理床 220 张、日间照料床 374 张。

表附1-9　床位分布情况

	普通床（张）	护理床（张）	日间照料床（张）
沈河区A	76	46	102
于洪区B	100	53	54
大东区C	80	105	215
沈北新区D	26	220	374

（二）老人入住率

沈河区 A 养老机构是一所公立机构，以供养"三无"人员为主，同时也为社会上的自费人员提供服务。该中心目前拥有 224 个床位，其空置率约为 20%，且多数为 70 岁及以上老人。在这群老人中，18 名是完全失能老人，23 名是半失能老人，占全部老人总数的 22.7%。在这个地方，大部分的老年人都有长期的疾病，他们的身体需要得到养护调理。

于洪区 B 养老机构，拥有 207 个床位，30% 的闲置房间。于洪区 B 机构是一家公立民营的养老院，养老院的建筑有两种：一种是护理院，一种是养老公寓。需要被照顾的、无自理能力的老年人住进了护理院；而生活自理能力较强的老年人则住在养老公寓。其中，失能者和半失能者共 83 名，约为总人数的 57%。

大东区 C 机构提供 400 张床位，50% 空床率。C 机构的类型属于社区照料型养老机构，依托于社区，主要为失能及半失能老人提供床位进行日常医护照料。失能和半失能老人共有 140 人，占所有养员数量的 50%。其余的养员虽然生活可以自理，但是也都患有老年病，也会为行动不便的老年人提供上门服务。

沈北新区 D 机构提供 520 张床位，空置率为 40%。D 机构属于民办民营的机构，通过与临近的医院进行合作来提供医疗服务。失能与半失能老人共有30 人，老人的医疗服务主要由医院的专职医生负责，医疗服务水平属于较高级别。

表附1-10　养老群体入住情况

	入住数（人）	空床率（%）	失能半失能人数（人）	失能半失能老人（%）
沈河区A	180	20%	67	22.7%
于洪区B	145	30%	83	57.2%
大东区C	280	30%	140	50%
沈北新区D	312	40%	30	9.6%

（三）医疗护理服务情况

沈河区 A 机构在该疗养院设立了一间疗养室。这里有一些简易的仪器，比如体温计、血压计、心跳计等。有一些小毛病，比如老人感冒发热，都可以到疗养室进行治疗。本文在调查的时候发现，这里的老人生病几乎是去附近的医院里治疗，很少会去医务室。在医务室里，有一些常用的药物，但并不齐全。老年人去医院看病，是可以纳入医保的，再加上疗养室用药要比医院的药费要高很多，所以不到万不得已，他们是不会去机构疗养室看病的。

访谈一：在 A 机构进行调研时，看见一位老奶奶正在院内锻炼身体，便向这位老奶奶询问该养老机构的医疗服务水平。老奶奶说："机构医务室看个头疼脑热的还行，开点便宜的感冒药，再大的病看不了，医务室连点滴都打不了。这里仪器设备不全，没法全面检查。生病了很麻烦，还得去正规医院。以前一个眼科医院来过咱们这个养老院，给检查视力，但也是想宣传医院，为了到他那去看病，老年人有个头疼脑热看病属实不容易。"

于洪区 B 机构是以老年疗养院为基础而成立的一所医养结合的老年疗养

院，在该疗养院中还设置了一间医养中心。医院的医务室里有一些简单的仪器，可以用来治疗病人的病情。如果想要更好的护理，可以去老年康复医院。在养老院设立医疗中心，为养老院提供了很大的便利，同时也是医养结合的一种体现。老年病康复医院是一家以老年人的康复和保健为主的医院，一旦出现一些比较严重或者比较复杂的情况，一般都会被送到正规的医院去治疗。另外，因为老年康复中心还在筹建中，所以没有纳入到医保范围，这也给老年康复中心的工作带来了一些困难。

访谈二：在 B 机构调研时遇到一位老爷爷，随即对爷爷进行了关于机构医疗水平的访谈。老爷爷说："这里的医疗服务跟别的养老院比挺好的，看病还是挺方便的。平时有个小病机构医务室能给看，这里的中医看诊不错，医务室看不了的可以到老年病康复医院看。但是这里的收费高哇，做一次理疗要80 元，到外面做一次 50 元。而且这个医院还没建完，走不了医保。比如扎点滴，用的药钱另算，在这里直接买药走不了医保，得去医保定点药店买了回来用，服务好是好，不是特殊或者紧急的情况也很少来这儿看病。"

大东区 C 机构重点偏向于看顾失能与半失能老人，医疗服务主要由社区医生提供，以疗养为主、医疗为辅。机构的医疗人员相对较少。

在走访 C 机构时，遇见一位老人的家属看望老人，随机进行了访谈。谈到护理，这位老人的家属说道："我家老人是失能老人，在家无人照护所以给老人接到这里来。这边照顾老人像流水线一样，老人小便失禁了按呼叫铃，10分钟左右护理人员才过来帮忙清理，照护人员根本不够。"

沈北新区 D 养老机构与其邻近的一家医院签署了协作协议，建立了协作关系。医院里也有氧气瓶之类的医疗设施，但都是不够用的，都是由各个病房里的老人轮流使用。沈北新区的 D 机构还可以进行血压测量、血糖测量、输液等基本的医疗服务。如果有什么紧急情况，可以联系合作医院，让医生和护士前往养老院进行治疗。如果病人病情较重，可以由医院安排救护车送其去医院治疗。为了对老人的健康状况有更多的了解，医院也会定期派专家、护士到老人的房间中进行巡回检查。

走访沈北新区 D 机构时看见一位老奶奶正在活动室休息，随即对这位老奶奶进行了访谈，这位老奶奶说："养老院主要还是养老的，还是提供不了周到的医疗服务，医疗设备没那么全。整个养老院就配置几个氧气机，老人们需要轮着用。赶上季节性疾病高发期，有的嗓子不好的，有气管疾病的老人就需要自己准备氧气机了，医疗资源紧张，真正治病还是得去医院。"

表附1-11　养老机构医疗服务水平

	医疗设施及医疗服务	服务水平
沈河区A	医务室设施简单，有基本的体温计、血压仪、心率测量等	较低
于洪区B	有简单医疗设备，设有老年康复医院，医院设施基本齐全	中等
大东区C	医疗设施简单，以养护为主	偏低
沈北新区D	有医疗设备但数量不足；突发情况会与合作医院进行联系	较高

（四）医护人员情况

在各类养老机构中，医疗服务团队可分为两类：医疗团队和护理团队。医疗护理人员的人数和素质直接关系到医疗护理人员在医疗护理工作中的作用。本文将就老年保健服务机构中的医务工作者与看护工作者进行详细的说明。

沈河区 A 机构仅有两位医师，诊疗的疾病有限，所以只能给生病老人进行简单输液，或是测量一下他们的血压和血糖。A 机构是规模较小的养老机构，只有 20 名护理人员。调查结果显示，A 机构护理员工作十分繁忙。每天早晨，护理员会带领老人在户外锻炼，上午打扫房间，给老人清洗衣物；中午，给残疾的老人清洗身体，进行喂药或者给身体上药等服务。

在调研 A 机构时看见一位护理员，对这位护理员进行了访谈。在问到对护理工作的看法时，护理人员说："我们一天挺忙的，也挺累的，我来这儿工作两年了，挣这个钱挺不容易的。我家是外地城镇的，来养老院干活可以贴补家用。"当讨论到机构工作有无培训这一问题，这位护理员回答："刚来机构时有培训，就是讲讲需要做什么、怎么操作，之后很少培训了。干这些活基本上是体力活，也不用很多培训。"

于洪区的 B 养老机构有自己的医疗中心，里面有一位医师和一位护理人员。在机构里有一家老年康复院，有一批高素质的护理人员。该医院共有 18 名医生和 30 名护士。B 机构是一所规模较大的养老院，具有明显的医养结合特点，因此其护理员比较多，有 50 人，护理人员均为合同制。

对 B 机构的护理人员了解情况，谈到培训问题时，一位护理员回答道："我们来的时候统一集体培训过，培训内容也就是工作需要做什么、需要注意些什么。工作第一周会有专人时刻指导，如果操作不规范主管会进行提醒。我们的工作属于护理性质的，操作简单，没什么特别的技术含量，所以也不需要太复杂的培训。"

大东区 C 机构有一位医师，该医师现已从正式的医疗单位退休。她不仅为 C 养老机构提供服务，还为另外的养老机构提供服务。一般情况下，只要是医院里的老人有什么需要她都会去。这个医生可以进行基本的护理，比如输液、测量血压、测量血糖以及插尿管等。C 机构是一家规模中等的机构，有 50 名护理工作者。

在调研过程中，对护理员是否经过培训这个问题进行访谈，一个护理人员回答道："我们没有培训，照顾老人擦身换药什么的也不需要培训。不过我们每周开一次会，交流老人的身体状态和自己护理老人的经验。"

沈北新区 D 机构的医疗服务依附于与其合作的医疗机构的医护人员。医疗机构为养老机构配备专业的医生护士，定期进行巡查服务，每名医生负责几位老人，会为其定制专业的照护模式，同时护士也会负责老人的护理工作，专业性更强。

经过调查发现，A、B、C 三家养老机构的看护人员大多是 40~50 岁甚至有 50 多岁从城市周边郊区农村来务工的女性，她们的学历较低，一般都认为照顾老人只是一个体力活，没有什么技术含量。大部分护理人员在入职前未接受过正式的训练，而且护理人员对老年人护理的工作不太重视；D 机构和医院是有合作关系的，他们会有专门的医师和护士来为老人提供医疗服务，在医疗服务提供方面实践得比较好。

表附1-12　医护服务人员情况

	医生（人）	护士（人）	护理人员（人）	平均每个护理人员负责人数（人）
沈河区A	2	0	20	11.2
于洪区B	18	30	50	4.3
大东区C	1	0	50	10.5
沈北新区D	15	30	60	3

（五）服务费用情况

本文在对养老机构工作人员访谈时得知，养老机构老人支付主要费用有床位费、服务费、耗材费及伙食费等。床位费是指在机构中入住老人选择的床位产生的费用，根据房间地理位置、房间人数等影响因素不同价格不等；服务费是指养老机构为老年人提供的医疗服务与护理服务产生的费用；耗材费是指在为老年人提供服务时损耗物品的费用，如使用一次性手套、一次性床褥垫及尿不湿等物品的费用；伙食费是指老人在机构内一日三餐的费用。

1. 机构床位费

本文调研的机构均有单人间、双人间与三人间，因此对这三种类型分别加以介绍。

沈河区 A 机构：单人间普通床 1600 元 / 月，护理床 2200 元 / 月；双人间普通床价格 1400 元 / 月，护理床价格为 2000 元 / 月；三人间普通床价格是 1200 元 / 月，护理床位价格是 1700 元 / 月。

于洪区 B 机构：单人间普通床 1800 元 / 月，护理床 2500 元 / 月；双人间普通床价格 1500 元 / 月，护理床价格为 2200 元 / 月；三人间普通床价格是 1200 元 / 月，护理床位价格是 1900 元 / 月。

大东区 C 机构：单人间普通床 1200 元 / 月，护理床 1300 元 / 月；双人间普通床价格 1000 元 / 月，护理床价格为 1100 元 / 月；三人间普通床价格是 900 元 / 月，护理床位价格是 1000 元 / 月。

沈北新区 D 机构：单人间普通床 2500 元 / 月，护理床 3000 元 / 月；双人间普通床价格 2000 元 / 月，护理床价格为 2400 元 / 月；三人间普通床价格是 1500 元 / 月，护理床位价格是 1900 元 / 月。

表附1-13　养老机构床位费价目表

	沈河区A（元/月）	于洪区B（元/月）	大东区C（元/月）	沈北新区D（元/月）
普通床	1600	1800	1200	2500
护理床	2200	2500	1300	3000
普通床	1400	1500	1000	2000
护理床	2000	2200	1100	2400
普通床	1200	1200	900	1500
护理床	1700	1900	1000	1900

2.机构服务费

养老机构为老人提供的服务中包含护理服务、医疗服务以及少量代办服务。通过走访各个养老机构，本文整理出几个机构共有的护理及医疗服务内容及收费标准。整理如下：

沈河区 A 机构护理服务中，为老人吸痰费用为 20 元 / 日，导尿为 15 元 / 日，擦洗身体为 60 元 / 日，鼻饲为 20 元 / 日，褥疮护理为 20 元 / 日；医疗服务中，输液 20 元 / 次，吸氧 35 元 / 次，测血糖 10 元 / 次，中医理疗 50 元 / 次。

于洪区 B 机构护理服务中，为老人吸痰费用为 25 元 / 日，导尿为 18 元 / 日，擦洗身体为 50 元 / 日，鼻饲为 18 元 / 日，褥疮护理为 15 元 / 日；医疗服务中，输液 22 元 / 次，吸氧 40 元 / 次，测血糖 8 元 / 次，中医理疗 80 元 / 次。

大东区 C 机构护理服务中，为老人吸痰费用为 15 元 / 日，导尿为 10 元 / 日，擦洗身体为 55 元 / 日，鼻饲为 18 元 / 日，褥疮护理为 15 元 / 日；医疗服务中，输液 25 元 / 次，吸氧 30 元 / 次，测血糖 10 元 / 次，中医理疗 70 元 / 次。

沈北新区 D 机构护理服务中，为老人吸痰费用为 30 元 / 日，导尿为 25 元 / 日，擦洗身体为 80 元 / 日，鼻饲为 15 元 / 日，褥疮护理为 30 元 / 日；医疗服务中，输液 18 元 / 次，吸氧 40 元 / 次，测血糖 10 元 / 次，中医理疗 90 元 / 次。

表附1-14　养老机构医疗护理服务价目表

服务种类	沈河区A	于洪区B	大东区C	沈北新区D
护理吸痰	20	25	15	30
服务导尿	15	18	10	25
擦洗身体（元/日）	60	50	55	80
鼻饲	20	18	18	15
褥疮护理	20	15	15	30
医疗输液	20	22	25	18
服务吸氧	35	40	30	40
测血糖（元/次）	10	8	10	10
中医理疗	50	80	70	90
代办服务代理取药	10	6	6	10
帮助购物（元/次）	15	10	12	15

3. 机构耗材费

机构耗材是指在养老护理过程中为提供服务而产生的物品损耗，此类物品损耗也需要老人承担相应的费用。本文对养老机构耗材进行了区分，分为一次性使用耗材及可重复使用耗材。

沈河区 A 机构的一次性使用耗材中，将吸痰管与导尿管费用计算到服务费中，成人纸尿裤为 2 元 / 片，护理垫为 4 元 / 片，医用手套为 1 元 / 副；在可重复使用耗材中，按摩用品为 15 元 / 次，轮椅为 5 元 / 次，使用护膝护腰为 10 元 / 次。

于洪区 B 机构的一次性使用耗材中，将吸痰管纳入到收费中，导尿管没有计算到耗材费中，成人纸尿裤为 2.5 元 / 片，护理垫为 5 元 / 片，医用手套为 1 元 / 副；在可重复使用耗材中，按摩用品为 20 元 / 次，轮椅为 5 元 / 次，护膝护腰为 15 元 / 次。

大东区 C 机构的一次性使用耗材中，将吸痰管纳入到耗材费中，导尿管没有计算到耗材费里。成人纸尿裤为 2 元 / 片，护理垫为 5 元 / 片，医用手套为 1 元 / 副；在可重复使用耗材中，按摩用品为 15 元 / 次，轮椅为 5 元 / 次，护膝护腰为 10 元 / 次。

沈北新区 D 机构，将吸痰管与导尿管都纳入到耗材费中。成人纸尿裤为 2 元 / 片，护理垫为 5 元 / 片，医用手套为 1 元 / 副；在可重复使用耗材中，按摩用品为 15 元 / 次，轮椅为 8 元 / 次，使用护膝护腰为 15 元 / 次。

表附1-15　养老机构医疗耗材价目表

		沈河区A（元）	于洪区B（元）	大东区C（元）	沈北新区D（元）
一次性	吸痰管	0	1	1	1
	导尿管	0	0	0	1
	成人纸尿裤	2	2.5	0	2
	护理垫	4	5	3	5
	医用手套	1	1	0	1
可重复	按摩用品	15	20	10	15
	轮椅	5	5	5	8
	护膝护腰	10	15	10	15

4. 伙食费

调研的沈河区 A 机构伙食费为 400 元 / 月；于洪区 B 机构伙食费为 500 元 / 月；大东区 C 机构伙食费为 450 元 / 月；沈北新区 D 机构伙食费为 600 元 / 月。

五、沈阳市养老服务参与主体

（一）政府力量发挥主导作用

养老体系是一项庞大的系统性工程，在沈阳经济社会发展水平基础上，政府的作用决定了养老服务体系的完善程度。

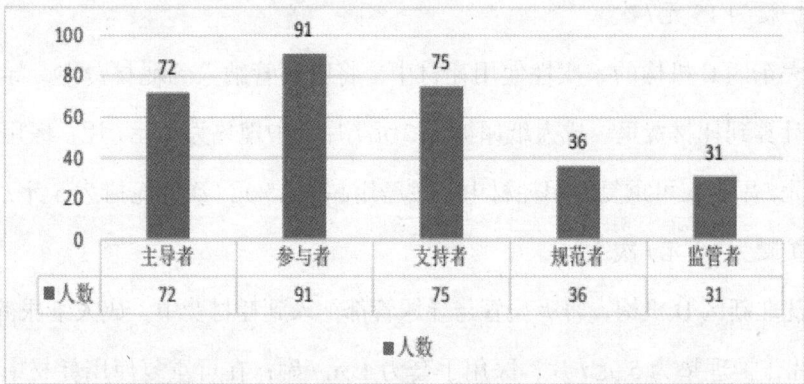

图附1-8　养老服务体系建设政府角色调查统计图

如图附 1-8 所示，可以看出，有 23.61% 的人认为政府应该扮演主导者，有 29.84% 的人认为政府是参与者，支持者、规范者及监督者，分别占比 24.59%、11.8%、10.16%。由此可以看出，大多数人都认为政府是参与者，尤其在养老服务体系建设中发挥参与者的作用。

目前，沈阳市发挥政府作用，进一步完善体系化的品质养老服务机制，借助于足够多的政策激励措施，进一步推行一系列财税优惠政策来扶持养老服务机构发展。在政策鼓励方面，主要包括人才政策、准入扶持优惠政策等，共同推动该模式的发展。同时，大力支援城市内部及周边地区各类养老服务行业的发展，支持有关工作和医疗服务之间的高效结合，使各地区医疗养老服务一体化试点项目加快实施。

资金支持方面。政府利用自身能量，在建立老年社会保障服务体系方面发挥正向的积极作用，除了依靠自身提供财政支援外，还通过向社会公开募集资金、招商引资和慈善供给等方式为养老行业的发展建立不同的资助机制。因此，结合养老保障制度建设的要求，沈阳逐步加大投入并积极推动全市养老院等服务机构优先建设，并积极促进机构、社区等新型养老方式的开展。相关部门还将至少 55% 的政府彩票捐款用于社会保障，以支持养恤金制度的发展。同时，政府加强配套建设，进一步落实社会养老部分，实施国家标准，完善财政补贴机制，结合对老年人基本护理服务的需求和提供，鼓励有效的社会投资，健全养老机构经营补助模式，为养老设施建设带来有力的经济支持。

（二）家庭与机构力量发挥基础作用

家庭是社会养老服务的发展基础，而机构则是社会养老服务的延伸。目前随着社会的发展，家庭养老也逐渐向机构转移。虽然在提供老年人照顾服务的过程中，各国都有由家庭照顾转为依靠社会福利的趋势，但在我国，家庭一直是社会养老保障体系建设的基础。在我国的传统文化中，重视亲子人伦孝悌节义为一贯传统，因而以个人/家庭承担为主的养老方式依然是当前养老模式的主流。其他国家虽然文化传统不同，情况却大抵相似，结合有关数据可知，全球 80% 的老年护理服务仍由家庭提供。

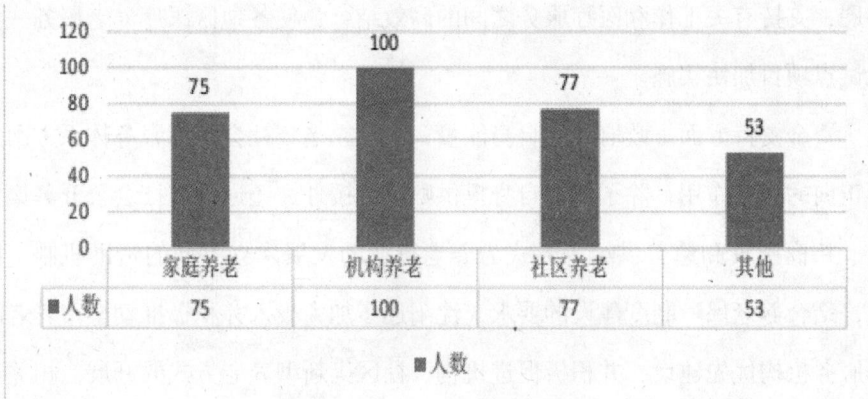

图附1-9　养老模式选择

如图附 1-9 所示，有 32.79% 的人愿意选择机构养老，有 25.25% 的人选择社区养老，有 24.59% 的人选择家庭养老，还有 17.39% 的人选择其他自理方式。由此可以看出，家庭虽然是养老中不可或缺的养老形式之一，但是选择家庭养老的比例却排名第三，也就是说明选择家庭养老的正逐渐向社会、机构养老转变，其中社会力量的参与也正逐渐起到关键作用。

（三）社会资本参与养老进程加快

企业、社区和社会组织是沈阳市参与社会养老体系建设的社会主体主要力量。其中，民办营利企业以营利为导向，民办非营利企业则更加重视发挥社会功能、促进公益事业，但二者在养老体系的建设中都举足轻重。

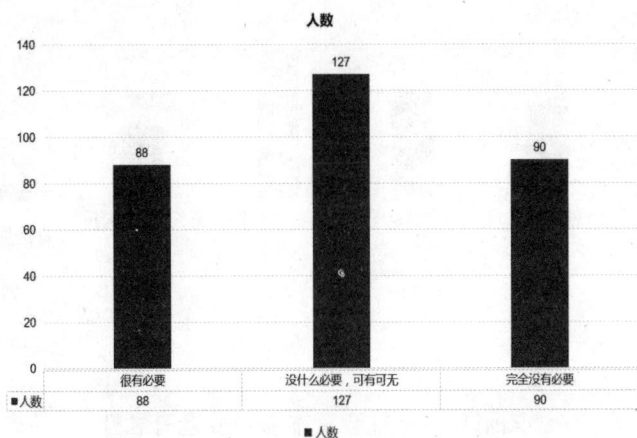

图附1-10　社会资本参与养老必要性

如图附1-10所示，研究对象有41.64%的人表示并没有这个必要性，属于画蛇添足，并且还有29.51%的研究对象则完全不希望社会资本参与养老。但与之相反，也有28.85%的被试者认为社会资本的参与是可行且有必要的。他们认为社会资本参与养老是社会的一种共识，只有资本参与后，沈阳市的"品质养老"服务体系才会更加的完善。

一般来说，市场的调控能够有利于激发良性竞争，这在一定程度上能够更好地为"品质养老"服务水平的提升服务，也在一定程度上使老年人不同的养老需求能够得到满足。目前沈阳市共计281家养老机构，其中沈阳市社会养老服务中心、惠民县颐养苑老年公寓、映寿汇康养服务中心等养老机构发展相对完善，他们在为当地养老服务市场发展中发挥了重要作用，并且还给本地老人提供了机构养老的机会。

沈阳现在正努力助推公私合营性质的养老机构发展，在后期构建养老服务期间，政府期望在投资方面，选择社会力量，进而提升资金的运行效率，帮助优化养老服务水平。

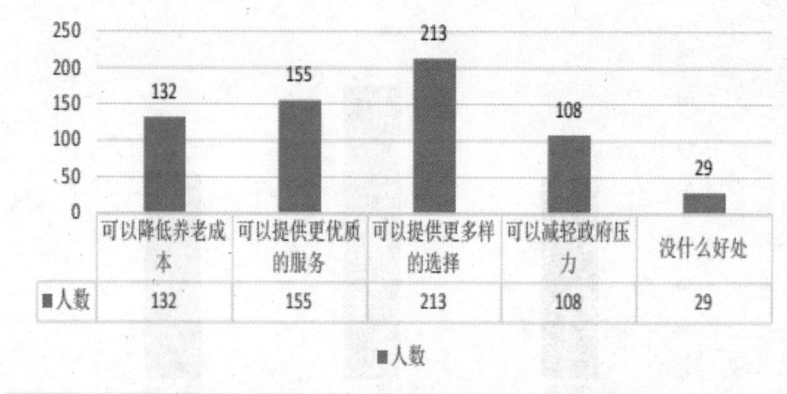

图附1-11　社会资本参与养老有利性

如图附 1-11 所示，可以看出有 69.84% 的人认为社会资本参与养老可以为老人提供更多的选择，有 50.82% 的人认为可以为老人提供更加优质的服务，有 43.28% 的人认为可以为老人降低养老成本，有 35.41% 的人认为可以减轻政府的压力，另外还有 9.51% 的人认为没有什么好处。综上所述，本次问卷调查的被试大都认为社会资本参与养老若要实施，其必须能提供更加优质及更加多元化的养老选项，并且也要在一定程度上降低政府和个人的养老成本。

（四）社会组织和志愿者参与养老服务层次较低

沈阳部分社区为老人提供的服务也越发丰富，这些使老人的文娱活动获得了有力的保障。非营利机构可在保障制度中扮演多层次服务的角色。例如，由志愿者组成的多元化供应商更有利于服务内容的丰富与创新。此外，沈阳市还推出了沈阳现代化都市圈养老机构管理人员培训，主要是为深入落实省委、省政府关于"一圈一带两区"重大区域发展战略部署，加深现代化都市圈养老服务一体化合作，其活动的内容也涵盖了提升养老服务监管效能，保障养老机构高质量发展，包括身心健康、人道主义援助、法律援助等。由此，可以看出社会组织及志愿者服务是沈阳市养老服务重要的力量。

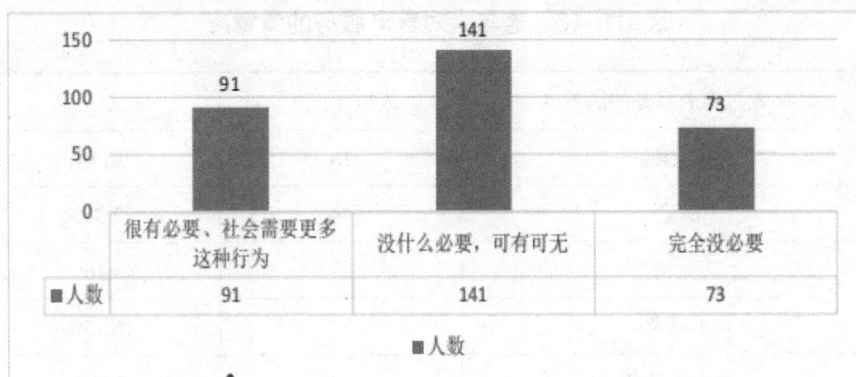

图附1-12　社会组织和志愿者参与养老必要性

如图附 1-12 所示，研究对象有 46.23% 认为社会组织及志愿者参与养老没什么必要，且可有可无。有 29.84% 的人认为很有必要，还有 23.93% 的人认为完全没有必要。由此可以看出，当下沈阳市社会组织及志愿者参与养老服务的意识不强，且认可程度一般。而这对未来养老服务体系的发展是十分不利的。

六、沈阳市"品质养老"服务体系存在的问题

（一）养老服务供给内容满意度低

在社区居家养老服务内容供给上，老年人对社区居家养老服务供给内容的满意度普遍较低。由表附 1-16 可知，对养老服务非常满意的老年人有 18 人，占比 9.14%；对养老服务满意的老人有 44 人，占比 22.34%；对养老服务感到一般的老人有 87 人，占比 44.16%；对养老服务不满意的老人有 33 人，占比 16.75%；对养老服务非常不满意的老人有 15 人，占比 7.61%。将一般、不满意、非常不满意情况归为不是很满意，不是很满意度可达 68.52%。可见，大部分老人对养老服务不是很满意。

表附1-16 老年人对养老服务的满意度

老年人对养老服务的满意度	人数（人）	占比
非常满意	18	9.14%
满意	44	22.34%
一般	87	44.16%
不满意	33	16.75%
非常不满意	15	7.61%

身体机能衰退和免疫力下降使心脑血管疾病、高血压和糖尿病等慢性病广泛存在于老年人身上。根据全国第六次卫生服务统计调查，老年人的慢性病患病率为59.20%，可以说大部分老年人都受到慢性病的困扰。沈阳市人均预期寿命为81.14岁，高于全国人均预期寿命77.93岁，而老年人的预期健康寿命仅为68.70岁，这表明他们可能有近10年的时间处于不健康状态，意味着沈阳市老年人对慢性病健康管理相关服务的需求时间要比全国需要此项服务的时间更长，而养老服务供给方却没有提供其需要的慢性病管理服务，老年人对养老服务的满意度低。

老年人认为社区居家养老服务中的助餐服务没有做到少盐、少油、少糖，调味料过多，没有做到营养搭配，不符合自己清淡饮食的习惯，对助餐服务不是很满意。老年人对精神慰藉类养老服务的需求度较高，而现实情况却是部分精神慰藉类服务形同虚设，无法满足老年人对此类养老服务的需求，老年人对精神慰藉服务不满意。综合来看，老年人对社区居家养老服务内容的满意度普遍较低，在慢性病管理服务、助餐服务、精神慰藉服务的提供上，老年人更是表达了不满。

在走访养老机构的过程中，发现个别养老机构存在医疗服务与养护服务内容区分不彻底的情况。对老年人的日间护理服务与医疗服务，应当有效区分，才能明确责任。调研过程中遇见一位老人家属，进行访谈过程中，得知老人在刚入住养老机构时身上已有轻微褥疮，家属已将情况告知养老机构，但一个月后家属进行探望发现褥疮反而严重了，是护理人员护理服务不周还是医疗人员诊治不到位，责任在哪方是值得深思的问题。

（二）养老服务供给资金短缺、医疗资源分配失衡

养老服务属于微利性质的服务，具有一定的社会福利性，具有投资周期长、盈利少、回报率低的特点，需要以雄厚的资金作为支撑，才能保证养老服务的可持续发展。实际情况却是养老服务供给资金短缺，无法支撑社区居家养老服务机构持续运营。

在访谈的 4 家区域性居家养老服务中心中，认为在运营中缺少资金的有 3家，认为资金勉强够用的有 1 家。大部分区域性居家养老服务中心在运营中有资金短缺的问题。可见，政府购买的养老服务项目虽然给予了区域性居家养老服务中心补贴，然而总体上补贴的资金不足以与支付的成本维持平衡。社区居家养老服务中的热门项目助餐服务也面临着资金短缺的困境，目前的运营状况处于亏损状态，而政府的补贴也不足以弥补亏损，养老服务出现资金缺口。

同时，通过政府购买社区居家养老服务的价格与现行的市场价格比较也证明了政府补贴不足以支撑养老服务供给的情况。上文提到政府购买了 9 项基本养老服务和 7 项助医类服务，而经过调查，大部分政府购买的居家养老服务项目低于市场价格。如表附 1-17，政府对理发服务的补贴为 15 元，而理发服务的市场价格为 30 元；对助浴服务的补贴价格是 60 元，而市场价格为 139 元；对室内清洁服务的补贴为 45 元，而市场价格为 90 元；对鼻炎管护理的补贴为 90 元，而市场价格为 100 元；对 PICC 护理的补贴价格为 90 元，而市场价格为 161 元；对上门慢性病管理套餐的资金补贴为 45 元，而市场服务价格为200 元。可见，政府提供的购买养老服务的资金低于市场服务价格，资金补贴不足以支撑提供服务的实际成本，如果区域性居家养老服务中心提供政府购买

养老服务中高于市场价格的项目，势必承受一定的亏损，资金出现缺口，资金短缺加剧。

表附1-17　政府购买社区居家养老服务结算价格与市场价格对比

项目名称	结算工时（小时/次）	结算价格（元）	市场价格（元）
理发	0.5	15	30
助浴	2.0	60	139
室内清洁	1.5	45	90
鼻炎管护理	3.0	90	100
PICC护理	3.0	90	161
上门慢性病管理套餐	1.5	45	200

纵观沈阳市，大部分的养老院只有少数能够实现医养结合功能。在养老服务中，不仅要发挥"养"的作用，还要发挥"医"的作用。老年人会根据自己的体质状况来决定是否要住进一家有比较完善的医疗设备和比较好的医疗服务的养老机构，以便于他们养护身体。对于养老机构而言，如果能提供高质量的医疗资源，就能吸引到更多的老人。

因此，医疗服务对老年人和养老机构来说至关重要。在一些机构中提供的医疗资源也有限，不能按照机构服务的主要类型进行资源配置。如以医疗为主、养护为辅的机构，配备的医疗器械比较老旧、专业性不高，机构设置的老年病康复理疗主要功能以康复与保健为主，如果机构内老人遇到突发情况需要做较大手术还需送到大型医院治疗；而以养护为主的医养结合型养老机构，针对失能、半失能老人的医养用品储备不足，有的养老机构甚至不提供相关消耗品，需要老人家属为其准备，护理资源不充足。

在养老机构运行过程中，会受医疗保险资金积累不足、医保制度制约等方面的影响，造成医养结合养老机构医保定点服务覆盖率较低。内设医务室的养老机构未被纳入医保定点的情况下，机构内提供的医疗服务无法使用医保支付，为老年群体看病造成一定麻烦。一些老人则会选择直接到医院就医，医养结合机构医疗服务发展存在困难。

医疗保险制度实施仅 20 余年。在这些年的运行中，实施医保前就已退休的老年人，整体上被划分为"不交医保而享受医保"的养老群体。此时，参加工作的一代人供养已经退休的一代人，但参加工作的年轻人与已退休的老年人人口比例失衡，实施医保前退休的老人的福利水平受到了一定程度的影响，所以，实际的福利水平与其预期和需要值肯定存在一定的差距。另外，基本工资所产生的诊金与其个人诊断需求之间存在较大差距，导致其在就医时存在选择性，优先考虑能得到补偿的药物和服务方式。

（三）服务人员紧缺且专业度低

1.养老服务人员紧缺

养老服务人员紧缺体现在三个方面，即现有人员数量少于所需人员数量、人员流失率高、缺少新的养老服务人员进入。

在现有人员少于所需人员数量方面，4 家区域性居家养老服务中心现有服务人员数量普遍低于所需要的服务人员数量。如图附 1-13 所示，A 区域性居家养老服务中心的现有人员为 9 人，所需人员为 15 人，现有人员占所需人员的比例为 60.00%；B 区域性居家养老服务中心的现有人员为 5 个，所需人员为 11 个，现有人员占所需人员的比例为 45.35%；C 区域性居家养老服务中心的现有人员为 9 人，所需人员为 14 人，现有人员占所需人员的比例为 64.29%；D 区域性居家养老服务中心的现有人员为 7 人，所需人员为 13 人，现有人员占所需人员的比例为 53.85%。综合来看，养老服务人员数量情况较好的 C 区域性居家养老服务中心，现有养老服务人员数量占所需养老服务人员数量的比例仅为 64.29%，而情况较差的 B 区域性居家养老服务中心，现有养老服务人员数量占所需养老服务人员数量的比例仅为 45.35%。养老服务人员现有人数少于所需人数，其面临着较大的工作压力，现有的养老服务人员满足不了养老服务供给的要求，存在需要照顾的老人数量超出养老服务人员所能照顾的老人数量、工作超负荷、应接不暇的情况，养老服务人员短缺。

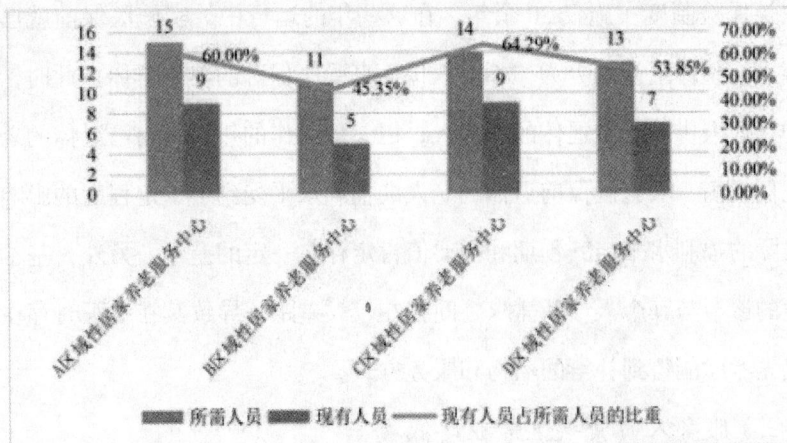

图附1-13　养老服务人员现有数量与潜在需求数量

在人员流失率方面，从事社区居家养老服务工作的人员流动大、辞职率高加剧了养老服务人员紧缺。在缺少新的养老服务人员进入方面，根据沈阳市民政局发布的2022年度毕业生入职养老机构补助情况公示，沈阳市共有4个养老服务相关专业毕业生领取入职补贴，4个人入职的机构都为沈阳市区域性居家养老服务中心。领取毕业生入职养老机构补贴意味着从事社区居家养老服务工作，2022年养老服务相关专业的毕业生中仅有4人领取补贴，说明许多养老服务专业的毕业生并不想从事养老服务工作。在养老服务人员本就处于现有人员少于所需人员、现有人员流失率高的情况下，缺少新的养老服务人员的进入，无疑更加剧了养老服务人员的短缺。

2.养老服务人员专业度低

如图附1-14，在30名养老服务人员中，专业为养老服务相关专业的为9人，占比30.00%；专业不是养老服务相关专业的为21人，占比70.00%。绝大多数养老服务人员不是养老服务专业出身，这一定程度上反映出养老服务人员专业度较低。可见，目前从事社区居家养老服务的人员中，有的养老服务人员文化水平较低，不是养老服务相关专业出身，对医疗护理之类的专业度较高的知识缺乏了解，护理技能不熟练，在提供服务过程中存在困难，可能会操作不当，上述情况均反映了养老服务人员专业度低的问题。

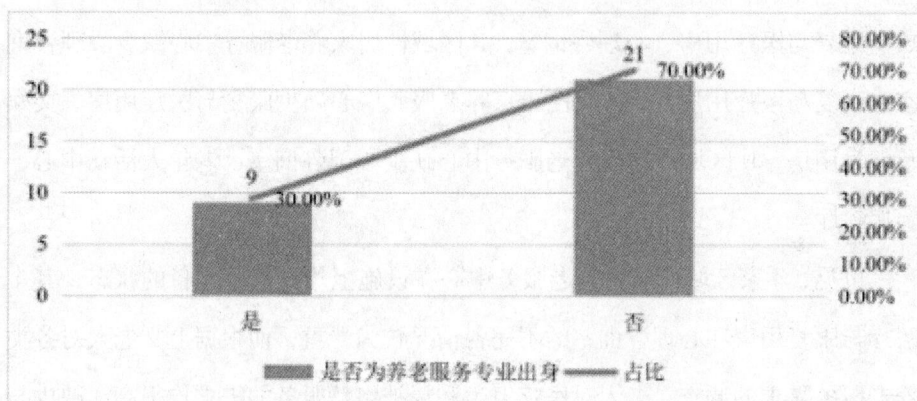

图附1-14　养老服务人员专业出身情况

通过对医养结合的养老机构的调查，可以看出，目前的医疗机构的服务人员数量较少，而且大多数的医疗人员的职业素质较低。在医务工作者方面，沈河区 A 机构仅有 2 名医师，配备 20 名护理人员，人均负责约 12 位老人；大东区 C 机构仅配备 1 名医生，有 50 名护理人员，每人负责约 11 位老人。在沈阳市沈北新区 D 养老服务中心拥有大量的医疗服务和看护服务中心，而在全市范围内，D 类养老服务中心却屈指可数。另外，大多数护理人员都没有接受过专业的训练，缺乏专业的护理知识。因此在老年护理人员中，工作人员的工作是很繁重的，而工资却很少。

（四）养老服务设施不完备且利用率低

1. 养老服务设施不完备

社区居家养老服务的供给要以养老服务设施作为支撑，养老服务设施不全、匮乏、条件差无疑会影响社区居家养老服务供给的水平，成为社区居家养老服务供给的短板。

沈阳市社区居家养老服务设施虽然基本具备《养老机构设施设备配置规范》和《沈阳市区域性居家养老中心设施设计与服务标准》规定的设施配置要求，但也存在缺少部分设施的情况。上文提到 A 区域性居家养老服务中心缺少康复与医疗用房、心理咨询室，B 区域性居家养老服务中心缺少心理咨询室、康复与医疗用房，C 区域性居家养老服务中心缺少康复与医疗用房、文娱及健身用房，D 区域性居家养老服务中心缺少心理咨询室、老年人活动中心、厨房餐厅。

可见，4 家区域性居家养老服务中心在设施上均处于不完备的状态，其中医疗与康复用房和心理咨询室的不完备情况较为严重，而根据上文老人对各类养老服务需求的调查，老人对医疗卫生和精神慰藉服务的需求均很高，缺少与这两类服务相配套的设施会在一定程度上影响区域性居家养老服务中心对这两类服务的提供。

2. 养老服务设施利用率低

除养老服务设施不完备外，服务设施还存在利用率低的问题。文娱健身类服务是需求情况调查中需求较高的服务，而在实际调查中文体健身设施的利用率较低，设施空置严重。A 区域性居家养老服务中心在文娱及健身用房中配置了 6 台健身设备，然而设备空置，无人使用。

（五）多元主体供给模式协同性差

社区居家养老服务的供给需要多元主体协同参与，而在实践中多元主体参与社区居家养老服务的供给模式协同性较差。截至 2022 年 11 月 27 日，在沈阳市民政局注册登记的社会组织共有 8914 个，其中从事社区居家养老服务的社会组织共有 106 个，仅占 1.19%，参与养老服务的社会组织较少，且其中大部分社会组织都为民办非企业单位，基金会与社会团体的参与较少。沈阳市共有慈善组织 105 家，其中慈善组织中参与提供养老服务的共有 29 家，占比 27.62%。社会组织和慈善组织参与养老服务的比例低，且社会组织中社会团体和基金会对养老服务参与的力量更是薄弱，多元主体供给模式协同性较差。据沈阳市民政局发布的数据，社区居家养老服务设施政府无偿提供房产的比例高达 88.3%，这意味着社会其他力量提供养老服务设施的比例仅为 11.7%，社会力量对社区居家养老服务设施提供力量薄弱，主要依靠政府来对养老服务设施进行供应，其他社会力量对社区居家养老服务的供给力量较弱，多元主体供给模式的协同性差。可见，区域性居家养老服务中心供给存在困难时缺少其他社会力量的帮助，多元主体参与社区居家养老服务供给时各自为政，没有形成协同，没有合力发挥彼此的力量共同致力于社区居家养老服务的提供，养老服务供给模式协同性差。社区在社区居家养老服务中本是起着平台或连接的作用，如今在养老服务中承担了一些社区居家养老服务机构、社会团体和志愿组织的职责，社区居家养老服务机构、社会团体、志愿组织没有对老年人需求进行有效对接，多元主体供给模式的协同性差。

综合来看，社区居家养老服务缺少社会组织中的社会团体和基金会的参与，缺少志愿组织和慈善组织的参与，在养老服务设施供给方面主要依靠政府提供房产，其他社会力量参与不足；社区居家养老服务供给主体之间职责不清，本应由社区居家养老服务机构、社会团体、志愿组织等社区居家养老服务多元供给主体提供的服务转移到社区，养老服务多元供给主体之间存在明显的界限，没有进行资源的共享，多元主体供给模式协同性较差。

附件二：沈阳市"十四五"养老服务体系建设规划

为积极应对我市人口老龄化严峻态势，切实推进"十四五"时期沈阳养老服务高质量发展，按照国家及省市相关部署要求，结合我市养老服务工作实际，制定本规划。

一、面临形势

"十四五"时期是我国开启全面建设社会主义现代化国家新征程的第一个五年，也是推动沈阳新时代全面振兴全方位振兴取得新突破极为关键的五年。当前，我国已转向高质量发展阶段，我市养老事业发展也将处于重要战略机遇期。必须深刻认识社会主要矛盾变化带来的新特征新要求，深刻认识错综复杂发展环境带来的新矛盾新挑战，增强机遇意识和风险意识，攻坚克难、砥砺奋进，推动"十四五"时期我市养老服务发展不断开创新局面、跃上新台阶。实施积极应对人口老龄化国家战略，对我市养老服务发展提出新的要求。"十四五"时期，我国将进入中度老龄化社会，应对人口老龄化任务极其艰巨繁重。党的十九届五中全会将积极应对人口老龄化上升为国家战略，《中华人民共和国国民经济和社会发展第十四个五年规划和2035年远景目标纲要》为各地区推进养老服务发展提供了方向指引和行动遵循，我们需要进一步对标对表国家决策部署，下大气力改进提升养老服务质量水平，切实推动国家战略在我市全面落地落实。推动东北老工业基地振兴，对我市养老服务发展提出新的要求。党的十八大以来，习近平总书记多次到东北调研，召开座谈会，提出"更加关注补齐民生领域短板，让人民群众共享东北振兴成果"等"六项重点工作"，并作出了新时代东北全面振兴"十四五"时期要有突破等重要指示。养老服务发展是推动东北全面振兴发展的题中应有之义，我们需要进一步将养老工作放到东北振兴全局中去谋划和推进，强化组织、政策、制度保障，积蓄推进养老服务业发展的强劲势能，为老工业基地焕发新活力提供有力支撑。建设国家中心城市，对我市养老服务发展提出新的要求。省委提出加快构建"一圈一带两区"区域发展格局，结合沈阳国家中心城市定位，要加快构建以沈阳为核心的现代化都市圈。在建设国家中心城市的进程中，沈阳养老服务发展面临重大机遇，也面临诸多考验。比如人口老龄化水平远高于全国和辽宁省平均水平，老年群体高龄化、失能化、慢病化、空巢化特点也将愈加明显，居家养老服务供给不足，社会力量参与养老服务事业不充分，规模化、连锁化、品牌化的养老服务企业仍然匮乏等，均需要我们下大气力尽快加以解决，切实推动养老服务提质扩面，真正实现从"基本养老"向"品质养老"的跨越。

二、指导思想

以习近平新时代中国特色社会主义思想为指导，深入学习贯彻党的十九大和十九届二中、三中、四中、五中全会精神，认真贯彻落实习近平总书记关于养老服务工作的重要指示精神，坚持以人民为中心的发展思想，围绕实施积极应对人口老龄化国家战略，立足沈阳市老年人群多层次、多样化、差异化的养老服务需求，优化供给结构，提升服务质量，加强改革创新，持续探索具有沈阳特色的养老服务发展新机制、新途径、新方式，着力破解养老服务发展中存在的突出矛盾和瓶颈难题，全面构建居家社区机构相协调、医养康养相结合的养老服务体系，积极发展高品质养老，为推动沈阳新时代全面振兴全方位振兴取得新突破、努力建设国家中心城市提供强有力支撑。

三、基本原则

——多元驱动，凝聚合力。坚持党委领导、政府主导、社会参与、全民行动，引入市场机制、社会力量扩大和优化养老服务供给，加强养老服务领域

"三社联动",鼓励慈善和志愿力量参与养老服务,形成全社会应对人口老龄化的强大合力。

——保障基本,促进共享。坚持兜底线、保基本、促普惠、均等化,加强资源引导和调控,加快发展面向高龄、贫困、失能失智、留守、计划生育特殊家庭等老年群体的基本养老服务,逐步建立面向社会大众的普惠型养老服务体系,推动实现人人享有基本养老服务。

——统筹兼顾,协调发展。发挥家庭、社区、机构各方优势,促进多种养老服务方式融合发展。引导机构通过连锁化运营等方式进入社区,积极提供上门居家养老服务。促进医养康养相结合,以老年人生活照料服务为基础,针对有医疗需求的老年人,为其提供相应医疗服务。

——深化改革,注重创新。按照包容审慎监管原则,允许有条件的地方对养老服务新模式、新业态进行先行先试。加强经验交流和试点评估,对于实践证明可行的鲜活经验和有效做法,通过多种方式及时总结推广,条件成熟的上升为政策制度,逐步探索形成沈阳特色养老服务的具体路径。

四、发展目标

到 2025 年,居家社区机构相协调、医养康养相结合的养老服务体系初步构建。

——基本养老服务制度全面建立。兜底性和普惠型养老服务制度更加完善,符合老年人实际需求的基本养老服务清单编制完成,老年人能力评估机制不断健全,家庭养老床位试点探索取得显著成效,人人享有基本养老服务的局面初步形成。

——社区居家养老服务供给更加均衡。社区养老服务设施实现全覆盖,城市社区 15 分钟养老服务圈全面建成,政府购买居家养老服务和困难老年人家庭适老化改造范围逐步扩大。

——机构养老服务质量持续提升。促进养老机构服务提质升级，星级养老机构占比达到80%，护理型床位占比达到55%，公办养老机构兜底保障作用充分发挥，公建民营改革持续深化。

——医养康养结合服务能力不断增强。医养康养相结合的体制机制更加顺畅，养老机构与医疗机构合作机制不断健全，基层医疗服务与社区养老服务深度融合，覆盖城乡的老年健康服务体系基本建立。

——养老服务人才队伍日趋壮大。养老服务人才职业化、专业化水平全面提升，从业人员职业发展空间不断拓宽，社会工作者和志愿者等为老服务队伍不断充实，人才培养激励机制更加健全。

——养老服务综合监管效能不断强化。综合监管机制建立健全，科技监管效能持续提升，标准化管理水平日益提高，养老服务信用体系初步建立。

专栏1："十四五"期间养老服务体系建设主要指标		
序号	项目	目标值
1	养老服务床位总量	达到9万张
2	新建居住区、已建居住区配套建设养老服务设施达标率	达到100%
3	城市社区政府购买居家养老服务覆盖率	达到100%
4	特殊困难老年人月探访率（国家）	达到100%
5	公办养老机构入住率	达到60%
6	星级养老机构比率	达到80%
7	养老机构护理型床位比率（国家）	达到55%
8	提供医疗服务的养老机构比率	达到100%
9	每千名老年人配套社会工作者人数	超过1人
10	老年大学覆盖面	每区县（市）至少一所

五、"十四五"时期养老服务体系建设的主要任务和具体措施

（一）织密兜底养老服务网络

1. 加强困难老年人保障。提高特困供养保障水平。稳步提高特困人员供养标准和照料护理标准，切实维护其基本生活权益。将符合城乡特困供养条件的老年人纳入救助供养范围，确保有集中供养意愿的特困人员集中供养率达到100%。完善救助福利保障制度。落实城乡最低生活保障家庭、最低生活保障边缘家庭中的失能、半失能老年人护理补贴制度，帮助其解决实际困难。健全老年人福利补贴制度，做好与社会救助等政策的衔接。完善临时救助制度，解决困难老年人遭遇的突发性、紧迫性、临时性基本生活困难。建立老年人能力评估制度。落实国家统一的老年人能力综合评估标准，制定沈阳市老年人能力评估实施办法，不断完善老年人能力评估机制，评估结果作为领取老年人补贴、接受基本养老服务的参考依据。2021年，老年人能力评估制度初步建立；2022年，实现享受政府购买居家养老服务、居家适老化改造、失能老年人护理补贴等政策的老年人，以及全市入住养老机构的老年人全部参与评估，老年人能力评估制度全面施行。编制基本养老服务清单。制定符合沈阳市老年人实际需求的基本养老服务清单，优先将高龄、最低生活保障家庭、最低生活保障边缘家庭、分散供养特困人员和计划生育特殊家庭中的老年人纳入基本养老服务重点保障对象，并根据经济发展情况和老年人实际需求逐步丰富服务项目，实现人人享有基本养老服务。

2. 深化公办养老机构改革。完善公办养老机构委托经营机制，打破以价格为主的筛选标准，综合从业信誉、服务水平、可持续性等质量指标，引进优质

养老运营机构早期介入、全程参与委托经营的公办养老机构项目工程建设，支持开展规模化、连锁化运营。在满足特困人员集中供养需求的基础上，支持公办养老机构为最低生活保障家庭、最低生活保障边缘家庭以及计划生育特殊家庭老年人提供低收费托养服务，鼓励空余床位向社会开放，收益主要用于兜底保障对象供养服务和提高护理人员薪酬水平。公办、公建民营、民办公助养老机构应优先向经济困难的孤寡、失能、残疾、高龄老年人，以及计划生育特殊家庭、作出特殊贡献的老年人提供服务。

专栏2：公办养老机构"三达标"提升工程

1.提升机构覆盖达标率。改造升级公办养老机构护理型床位，开辟失能老年人照护单元，到2025年，区级公办养老机构建有率达到100%。

2.提升服务质量安全达标率。加强公办养老机构规范化建设，依据《养老机构服务安全基本规范》《养老机构等级划分与评定》等相关国家标准，评定为一级至二级服务等级的乡镇（街道）级公办养老机构建有率达到80%以上，评定为二级至三级服务等级的县（市）级公办养老机构建有率达到80%以上。公办养老机构原则上不按照五级服务等级标准新建，坚持兜底线保基本的公益属性。

3.提升公办养老机构入住率。改善公办养老机构服务环境、优化供给结构，到2025年，实现公办养老机构入住率达到60%。

---

3. 补齐农村养老服务短板。构建农村养老服务网络。在县级层面，建设以失能、部分失能特困人员专业照护为主的特困人员供养服务设施（敬老院），着力增强生活不能自理特困人员专业照护保障能力；在乡镇层面，拓展农村中心敬老院功能，在满足特困老年人集中供养的基础上，为低收入老年人及高龄、独居、失能老年人提供医疗护理、康复保健、生活照料、精神慰藉等服务；在行政村层面，鼓励依托农村互助幸福院、邻里互助点等互助性养老服务设施，大力发展农村居家养老服务。探索农村养老服务模式。继续开展农村居家养老服务试点，逐步扩大试点范围，重点发展互助性养老服务，通过邻里互助、亲友相助、志愿服务等模式，为本村高龄、失能（半失能）、留守、独居老年人提供互助服务，有效破解农村养老难题。加强农村社区综合服务能力建

设，整合养老服务、公共文化、医疗卫生、全民健身等服务功能，为老年人提供综合性服务。大力培育农村老年协会、农村社区为老服务社会组织，强化农村老年人社会支持体系建设。健全农村老年人关爱机制。落实农村空巢、留守老年人定期探访制度，明确探访对象、探访内容、探访程序及工作要求。开展农村空巢、留守老年人排查，掌握基本信息，做到精准到村、到户、到人。以县为单位，乡镇政府统筹指导，村民委员会协助实施，建立空巢、留守老年人信息台账，及时了解和评估农村空巢及留守老年人生活情况、家庭赡养责任落实情况，提供相应援助服务。

专栏3：农村特困人员供养机构改造提升工程

1.突出改造重点。按照"扩建一批、整合一批、改造一批"的工作思路，从建筑标准、设施设备、院区场地、用房功能、适老化改造、照护型床位、消防安全七个方面，对农村特困人员供养机构实施改造提升。

2.加强照护功能。增设失能人员生活服务照护单元以及医疗护理、康复服务等医养结合照护单元，照护型床位占比不低于50%。

3.明确任务时限。到2022年，每个县（市、区）至少建有1所失能、部分失能特困人员专业照护为主的县级特困人员供养服务机构，所有设施安全隐患全部清除，所有未达标设施改造提升任务全部完成，基本形成县、乡供养服务设施相衔接，布局科学、配置均衡、服务完善的农村养老服务兜底保障网络。

（二）推进普惠养老服务发展

1.巩固居家养老基础地位。完善家庭养老支持措施。充分保障劳动者依法享有各类法定假期，鼓励用人单位采取分散灵活的休假方式，支持职工探视和照料老年人。为长期在家照顾失能老年人的赡养人、扶养人或者雇用人员提供护理培训，向失能老年人照护者普及护理知识，提高其护理技能。鼓励各类社会资源为失能老年人家庭提供所需支持性喘息照护服务。实施居家适老化改造。采取政府补贴等方式，对符合条件的困难老年人家庭实施适老化改造，逐步将改造对象范围扩大到城乡最低生活保障家庭、最低生活保障边缘家庭中的高龄、失能、残疾老年人家庭。加强居住区公共设施适老化改造，重点对坡道、楼梯、电梯、扶手等公共建筑进行改造。开展政府购买居家养老服务。通过政府购买服务的方式，依托社会力量向符合条件的高龄、失能、失智、贫困、计划生育特殊家庭中的老年人提供免费居家养老服务，不断丰富服务项目，保障其基本养老服务需求，同时激活全市居家养老服务市场，培育一批竞争力强、经济社会效益显著的服务主体，提升全市居家养老服务整体水平。发展家庭养老床位。开展家庭养老床位试点，制定家庭养老床位的规范标准，支持养老服务机构运营家庭养老床位，把专业化的养老服务延伸到家庭，对失能老人家庭进行适老化改造，并提供专业护理、远程监测等服务内容，让居家老年人享受连续、稳定、专业的养老服务。

专栏4：居家适老化改造工程

1.保障困难群体。采取政府补贴的方式，对纳入分散供养特困人员和建档立卡贫困人口中的高龄、失能、残疾老年人家庭实施居家适老化改造。

2.满足个性需求。突出针对性和实效性，根据老年人家庭的住宅环境、老年人身体状况、家庭成员情况等进行个性化设计，做到"一户一案"，满足其居家生活照料、起居行走、康复护理等核心需求。

3.扩大改造范围。根据经济社会发展实际，逐步扩大适老化改造对象范围。积极引导城乡老年人家庭进行适老化改造，根据老年人社会交往和日常生活需要，结合老旧小区改造等对公共设施进行适老化改造。

4.激发消费潜能。鼓励各区县（市）持续探索创新，加强产业扶持，激发市场活力，加快培育公平竞争、服务便捷、充满活力的居家适老化改造市场，有效满足城乡老年人家庭的居家养老服务需求。

专栏5：政府购买居家养老服务工程

1.确定服务范围。为城乡最低生活保障家庭、最低生活保障边缘家庭和计划生育特殊家庭中的失能失智老年人，每人每月提供30—45小时的免费居家养老服务；为八十周岁及以上老年人和计划生育特殊家庭中七十周岁及以上老年人，每人每月提供3小时的免费居家养老服务。

2.保障基本养老服务需求。围绕老年人的基本需求，将助餐、助医、助浴、助洁、助行、生活照料、健康护理等服务项目纳入政府购买居家养老服务目录。

3.明确时间节点。2021年在100个社区启动政府购买居家养老服务试点，2023年开展政府购买居家养老服务的城市社区覆盖率将达到50%，2025年将达到100%。

4.加强服务监管。依托养老服务信息平台，委托第三方专业机构，对政府购买居家养老服务质量、绩效进行监测和评价，督促服务承接方不断提高服务标准。

2.发展社区养老服务网络。构建城市社区 15 分钟养老服务圈，在区级层面，依托公办养老机构为以困难群体为主的老年人提供兜底保障服务。在街道层面，建设区域性居家养老服务中心，提供生活照料、短期托养、助医、助餐、助浴、助洁、康复、关怀访视、生活陪伴、心理咨询和应急救援等服务，到 2025 年区域性居家养老服务中心建有率达到 60%。在社区层面，建设社区养老服务站，提供文化、体育、娱乐、休闲、养生、老年教育等服务，有条件的可拓展服务功能，将区域性居家养老服务中心的服务内容延伸至社区养老服务站，到 2021 年社区养老服务站建有率达到 100%。无偿或低偿使用场地设施的养老服务机构，应当以普惠为导向确定服务价格。

专栏6：养老服务设施建设工程

1.科学规划设施布局。落实《沈阳市养老服务设施布局规划》，按照区域统筹、总量平衡，分级配置、分类布设，因地制宜、差异发展，"四圈合一"（居住圈、交通圈、医疗圈、休闲圈）、综合配套的原则，综合考虑全市老年人口结构和区域分布特点，科学布局养老服务设施，构建规模适度、布局合理、覆盖城乡、满足多元需求的养老服务设施空间格局。

2.严格落实配建标准。分别按照新建居住区每百户建筑面积不低于35平方米，已建居住区每百户建筑面积不低于25平方米的标准，有计划、有步骤地推动社区居家养老服务设施建设。其中，新建居住区配套养老服务设施，严格落实"四同步"（同步规划、同步建设、同步验收、同步交付）要求，着重确保配套用房的建筑质量；已建居住区对照养老服务设施配建缺口，开展为期三年的配建达标工程，全面补齐历史欠账。

3.有效保障土地供应。将养老服务设施用地纳入年度国有建设用地供应计划。非营利性养老服务机构可凭登记机关颁发的社会服务机构登记证书和其他法定材料申请划拨供地。鼓励各地区探索利用集体建设用地发展养老服务设施。严防擅自改变建设用地用途、容积率等规划设计条件，将养老服务设施用于房地产开发。

4.深入挖潜房产资源。采取多种方式支持各地区利用存量资源发展养老服务，在城镇老旧小区改造中统筹推进养老服务设施建设，鼓励支持空置公租房、国企物业等无偿或低偿用于养老用途，推动地方党政机关和国有企事业单位培训疗养机构转型为养老服务设施。提升社区公共用房为老服务功能，确保已建成小区的社区公共用房40%以上面积用于养老服务。

专栏7：社区居家养老服务能力提升工程

1.构建城乡老年助餐服务体系。全面建立助餐服务网络。依托社区居家养老服务设施，打造一批"后厨可观、食材可溯、安全可查、送餐可及、质量可评"的标准化社区老年食堂，提高助餐服务的普惠性和可及性。进一步丰富和创新助餐服务提供机制，推进"中央厨房"与"社区食堂"等多种模式联动。重点补齐农村、远郊等服务短板，支持当地有条件的养老服务机构、餐饮场所等增加老年助餐服务功能，积极推广发展邻里互助助餐模式。支持高质量多元化供餐。围绕更好满足老年人多层次多样化助餐需求，鼓励助餐机构开发餐饮产品、丰富菜色品种、合理营养膳食。建立助餐服务合理回报机制，由经营者根据实际服务成本和适度利润水平确定收费标准，引导更多市场主体参与助餐服务。引导外卖平台等市场主体参与助餐配送服务。

2.大力发展老年人助浴服务。支持社区助浴点、流动助浴车、入户助浴等多种业态模式发展，培育一批专业化连锁化助浴服务机构，为老年人提供优质普惠的集中助浴和上门助浴服务。支持助浴服务相关产品研发和设计创新，加大经济实用型产品的推广应用。鼓励助浴机构投保相关保险，提高风险保障程度。

3.引导助洁服务覆盖更多老年人。支持家政企业开发被褥清洗、收纳整理、消毒除尘等适合老年人需求的保洁服务产品。鼓励物业企业拓展面向老年人家庭的保洁增值服务。

4.提高老年人生活服务可及性。依托社区养老服务设施，引导社区综合服务平台广泛对接老年人需求，为老年人提供就近便消费服务。组织、引导、便利社会工作服务机构、物业企业、零售服务商等拓展为老服务功能，提供生活用品代购、餐饮外卖、家政预约、代收代缴、挂号取药、精神慰藉等服务。

3.促进养老机构高质量发展。加强综合性养老服务机构建设，支持社会力量建设专业化、规模化、医养结合能力突出的养老机构。完善长期照护服务的标准规范，提升养老机构标准化、规范化服务能力。增强养老机构照护功能，鼓励养老机构着眼失能老年人长期照护需求发展护理型床位，推动养老机构扶持政策向护理型床位倾斜，持续引导各类养老机构提高护理服务能力和运营水平，提高护理型养老床位入住率。到2021年年底，护理型床位占比不低于40%；到2025年年底，护理型床位占比不低于55%。

专栏8：养老机构服务提质工程

1.落实国家标准。执行《养老机构等级划分与评定》国家标准，指导全市养老机构对照标准提高运营服务质量。

2.开展星级评定。引导养老机构通过改善室内外环境、加强设施设备配置、强化运营管理、提升服务质量水平等方式，全面提升服务能力，评定结果与养老机构运营补贴标准挂钩。到2025年，全市星级养老机构占比不低于80%。

3.加强养老机构安全管理。贯彻落实《养老机构服务安全基本规范》强制性国家标准，督促养老机构在消防、卫生与健康、食品药品、风险评估、服务防护及安全管理等方面符合相关规定，确保到2023年，全市养老机构100%达标。

4.支持各类主体扩大普惠型服务。开展普惠养老城企联动专项行动，发挥中央预算内投资引导和撬动作用，推动建设一批方便可及、价格可接受、质量有保障的养老服务机构。引导各类主体提供普惠型服务，综合运用规划、土地、住房、财政、投资、融资、人才等支持政策，扩大服务供给，提高服务质量，提升可持续发展能力，进一步完善市场原则下的普惠价格形成机制，推动普惠型养老服务价格在合理区间运行，价格水平显著低于当地同等服务水平的市场化养老服务机构。

5.引进优质养老服务资源。树立品牌意识，挖掘品牌资源，实施品牌战略，积极引进国内外知名为老服务企业入驻沈阳，增加高品质养老服务供给。到2025年，全市至少培育10家品牌化养老服务机构，鼓励其开展连锁化运营，逐步扩大品牌影响力，带动全市养老服务水平整体提升。

6.探索智慧养老服务模式。整合利用"沈阳养老"App、沈阳养老服务网等平台，为老年人提供"点单式"的综合化智慧居家养老服务，让老年人足不出户即可享受养老机构的专业护理服务。为有需求的老年人家庭安装智能看护系统，实现老年人日常活动轨迹实时监测，异常情况立即预警、及时干预，为老年人打造安全的居家养老环境。支持社会力量运用信息化手段创新养老服务模式，整合利用互联网、移动终端、信息平台、公共服务等资源，围绕老年人出行、就医、消费等高频次事项和服务场景，不断改进传统服务方式，帮助老年人跨越"数字鸿沟"。

专栏9：智慧养老推广工程

1.完善市级养老事业服务管理平台功能。面向政府部门、服务组织和老年群体三类用户构建服务闭环，打通养老服务供需"最后一公里"，实现服务组织和老年群体均能及时掌握供需动态变化，解决养老服务供需错位、供需信息不对称等问题。

2.启动智慧居家养老服务场景。利用"沈阳养老"App、沈阳养老服务网等平台，有效连接养老服务、生活服务、健康服务等线下实体服务资源，为居家老年人提供助洁、助医、助餐、助急等"点餐式"养老服务，让老人在足不出户的情况下，通过现代科技手段享受综合养老服务。

3.推广信息化智能设备应用。为经济困难和计划生育特殊家庭中的失能、部分失能老年人家庭安装紧急呼叫、生命体征监测、人体红外探测、门磁、电子围栏和烟雾燃气感应报警等智能化设备，为老年人提供主动关爱、健康监测、虚弱干预、应急救助联络等服务，实现对居家老年人的智能看护，为老年人打造安全的居家养老环境。

4.帮助老年人跨越"数字鸿沟"。在便利老年人日常交通出行、就医、消费、办事服务等方面，集中力量推动各项传统服务兜底保障到位，出台实施一批老年人在运用智能技术过程中最迫切需要解决问题的有效措施，切实满足老年人基本生活需要。

7.加强社区老年人关爱。采取多种形式为老年人提供精神慰藉、心理疏导和生活支持等专业化、多样化服务。广泛开展老年群体性文化、体育和娱乐活动。大力开展老年教育，健全社区老年大学办学网络，创新老年教育形式，丰富老年教育课程内容。到2025年，每个区县（市）至少建有1所老年大学。以空巢、留守、失能、重残、计划生育特殊家庭等特殊困难老年人为重点对象，加强对困难老年人的关心关爱。到2022年，全面建立老年人定期探访制度，确保失能老年人均能得到社区有效帮扶，特殊困难老年人月探访率达到100%。

（三）深化医养康养有机融合

1.健全养老机构与医疗机构合作机制。支持医疗卫生机构依法依规开展养老服务，鼓励医疗卫生机构在养老服务机构设立医疗服务站点，提供嵌入式医疗卫生服务。将医养结合机构（同时具备医疗卫生资质和养老服务能力的医疗卫生机构或养老机构）内设的医疗机构纳入医联体管理。鼓励大型或主要接收失能老年人的养老服务机构内部设置医疗卫生机构。进一步完善养老服务机构与周边医疗卫生机构及接续性医疗机构签约合作机制，鼓励连锁化的社区养老服务机构集中签订合作协议。养老机构中具备条件的医疗机构可与签约医疗卫生机构建立双向转诊机制，严格按照医疗卫生机构出入院标准和双向转诊指征，为老年人提供连续、全流程的医疗卫生服务。到 2025 年，提供医疗服务的养老机构占比达到 100%，设立老年医学科的二级以上综合性医院占比达到 60%。

2. 推动医疗卫生服务延伸至居家和社区。根据老年人居家医疗服务实际需求，统筹区域医疗资源，合理引导医疗机构增加居家医疗服务供给。医疗机构要按照分级诊疗的要求，结合功能定位和实际情况，依法合规、有序规范地为群众提供居家医疗服务，保障医疗质量和患者安全。鼓励有条件的医疗机构通过上门巡诊和家庭病床等方式，积极开展居家医疗服务。支持护理院、护理中心、康复医院、康复医疗中心、安宁疗护中心将医疗服务由医疗机构内延伸至居家。充分发挥各类医疗机构在提供居家医疗服务方面的优势，结合家庭病床、家庭医生签约服务等方式，为老年人提供个性化、多层次的居家医疗服务。

3. 扩大老年人健康服务供给。推动大健康理念深度融入养老服务，加强老年人重点慢性病早期筛查、早期干预和分类管理，促进老年人精神关爱和心理健康管理服务，完善健康教育、预防保健、疾病诊治、康复护理、长期照护、安宁疗护等综合连续的老年健康服务体系，到 2025 年，向辖区 65 周岁及以上常住居民提供健康体检，65 周岁及以上老年人城乡社区规范健康管理服务率达到 60%。

4. 探索建立长期护理保险制度。探索建立相关保险、福利和救助相衔接的长期照护保障制度。加快实施长期护理保险试点，逐步形成符合我市实际的长期护理保险制度框架。鼓励商业保险公司进入长期护理保险领域，满足多样化、多层次的长期护理保障需求。

（四）加强养老人才队伍建设

1. 加大养老服务人才院校培养力度。引导市属普通高校、职业院校、开放大学、成人高校等加强养老服务人才培养，到 2025 年，本科高校、职业院校养老服务相关专业招生规模明显增长。将养老服务列为职业教育校企合作优先领域，支持有条件的职业院校或养老机构建设实训基地。鼓励学校通过订单培养、助学、奖学等方式，吸引各类毕业生从事养老服务工作。

2. 完善养老服务在岗人员培训机制。建立养老护理员职业等级认定制度。加大人才培训力度，着力提升养老服务机构负责人、管理人员从业水平。到 2025 年，实现年培训 1000 名养老服务人员的目标。

3. 扩大养老服务志愿者队伍。广泛培养为老年人提供生活服务、健康服务、精神慰藉、法律援助等的社会工作者和志愿者队伍，通过居家入户、社区活动等形式为老年人提供便利可及、针对性强的服务。逐步实现志愿活动的制度化、规范化、常态化。探索建立养老服务"时间银行"等服务模式，提高志愿者服务的社会认可度。

4. 健全养老服务褒扬机制。在养老服务机构等级评定、质量评价和补贴支持工作中，加大"取得职业技能等级证书养老护理员"数量或占比的权重。引导为老服务企业完善职业等级、工作业绩等与薪酬待遇挂钩机制。组织养老护理员职业技能大赛，开展养老护理员关爱活动，加大先进事迹与奉献精神的宣传力度，提升养老护理员的社会认同感。鼓励高等院校和中等职业学校学生到养老服务机构实习实训，参照我市企业见习补贴标准即市最低工资标准的 60%给予实习实训补贴。鼓励大中专毕业生从事养老服务工作，为符合条件的入职养老服务机构、直接从事一线养老护理服务工作满五年的全日制高等院校、高职、中职学校毕业生给予 4 万 ~6 万元不等的一次性入职补贴。探索建立养老服务人员培训补贴、职业技能鉴定补贴、护理岗位奖励津贴等制度，逐步提高养老从业人员薪资待遇。

（五）促进养老产业蓬勃发展

1.发展老年产品制造业。建设养老产业园区，加强市场、规则、标准方面的软联通，培育养老服务产品制造龙头骨干企业，支持老年人康复辅助器具、智能养老装备研发生产，丰富产品种类、提升产品品质、创建产品品牌，增强适应老龄化社会的产业供给能力。

2.培育养老服务消费新业态。促进养老服务与文化、旅游、餐饮、体育、教育、健康、金融、地产、物业、家政等行业融合发展。引导和规范与养老服务密切相关的重点产业发展，拓展旅居养老、文化养老、健康养老等新型消费领域。支持养老服务机构、城乡社区开展康复辅助器具配置、租赁、回收业务。推动老年用品进展会、进商场、进机构、进社区、进家庭，激发老年人消费热情。

3.加强多元化金融支持。设立沈阳健康养老产业专项基金，鼓励国有资本、社会资本等多种资本形式参与养老产业发展。探索允许营利性养老机构以有偿取得的土地、设施等资产进行抵押融资。引导商业保险机构探索开展老年人住房反向抵押养老保险业务，鼓励老年人投保意外伤害保险。

专栏10：老年产品市场扩容工程

1.开发适老生活用品市场。支持老年用品制造业创新发展，采用新技术、新工艺、新材料和新装备，促进产品升级换代，实现老年产品多样化、个性化。发展适合老年人的智能家居产业，优化智能居家环境，研发新型适老智能家居产品。

2.创新开发智慧健康产品。针对居家、社区、机构等不同应用环境，发展健康管理类可穿戴设备、便携式健康监测设备、自助式健康检测设备等健康监测产品。积极发展用于家庭养老及机构养老的监护床等智能监测、看护设备。

3.发展老年功能代偿产品市场。推动适用于医疗机构、养老机构及居家老年人的各类医疗器械、康复辅具的研发生产。积极引导本地企业，开发为失能老年人提供助行、助浴、助餐的特制食器、沐浴器、便池等辅助产品，推动在家庭和养老机构中配备。

（六）强化养老服务行业监管

1. 健全养老服务综合监管机制。建立以"双随机、一公开"监管为基本手段、以重点监管为补充、以信用监管为基础的新型监管机制；按照"谁审批、谁监管，谁主管、谁监管"原则，明确养老服务综合监管各部门职责分工；健全各部门协调配合机制，实现违法线索互联、监管标准互通、处理结果互认，督促和引导养老服务机构持续优化服务，促进养老服务业健康有序发展。

2. 提高养老服务科技监管效能。以治理体系和监督体系建设为切入点，按照全面实施电子政务工程建设项目"六统一"要求，优化市级养老事业服务管理平台，从多维度对养老服务进行监管，完善事项程序控制，进行事前把控、事中控制、事后监管；采取多元监管方式，利用视频监控、信息对比、数据分析等方式加强监管；建立分级立体监管制度，构成市级监控、区级监管、群众监督的多级监管方式。同时，推进与公安、医疗、社会救助等信息资源对接，建立动态完整的老年人信息数据库，综合采集信息和数据为决策服务，并结合信息化手段对养老服务机构进行综合监管。

3. 加强养老服务标准化建设。按照建筑、消防、食品、医疗卫生等相关行业标准，委托第三方专业机构开展养老机构运营风险评估；参照《养老机构等级划分与评定》国家标准及其实施指南，开展养老机构星级评定；优化《社区居家养老服务设施星级评定办法》，引导社区居家养老服务设施不断提高服务质量。制定出台符合养老服务行业发展需求的相关标准。

4. 加大养老服务机构监督检查力度。定期组织开展养老服务设施使用情况检查。加强对养老服务机构欺老虐老行为监管。加大养老服务领域非法集资重点防范和整治工作力度，做好政策宣传和风险提示，严防以虚假投资、欺诈销售、高额返利等方式进行的非法融资。

5. 增强养老服务机构应急能力。引导养老服务机构增强风险防范意识，建立突发事件的预防与应急准备、监测与预警、应急处置与救援等工作机制。指导养老服务机构依法制定自然灾害、事故灾难、公共卫生事件等突发事件应急预案，配备必要应急设施设备，开展应急知识宣传和应急演练。全面落实传染病疫情防控要求，在有关部门和机构指导下采取卫生处理、隔离等预防控制措施。

6. 建立养老服务信用管理体系。建立养老机构备案信用承诺制度，备案申请人应当就养老机构按照有关法律法规和标准开展服务活动提交书面承诺并向社会公开，将书面承诺履约情况记入信用记录。健全养老服务机构准入和退出机制，建立养老服务机构关停等特殊情况应急处置机制，指导退出的养老服务机构妥善做好老年人的服务协议解除、安置等工作。推广养老服务领域政务公开和机构信息公开。完善覆盖从业人员和服务对象的养老服务行业信用管理制度，将养老服务领域违法失信的养老服务机构和从业人员列入"黑名单"，并实施与失信行为相当的惩戒措施。

六、保障措施

（一）加强组织领导

强化各级党委、政府落实规划的主体责任，为规划实施提供坚强保障。充分发挥市加快推进养老服务工作领导小组统筹协调和牵头抓总作用，研究解决有效落实规划、推进养老服务体系建设发展的重大问题。各区县（市）结合实际制定相应规划或本规划实施方案，细化相关指标，确保责任到位、工作到位、投入到位、见到实效。进一步巩固市、区（县、市）、街道（乡镇）三级联动，各相关部门相互协调配合的工作机制，整合社会各方面力量和资源，形成养老服务体系建设的工作合力，推进本规划各项目标任务落到实处。

（二）加大资金投入

根据经济社会发展状况和老年人口增长情况，建立稳定的养老服务发展经费投入保障机制，逐步加大经费投入。保障用于社会福利事业的彩票公益金对养老服务体系的投入力度,年度公益金总额的 55% 以上用于支持养老服务事业发展。同时,引导各类社会资本投入养老服务业,倡导社会各界对老龄事业的慈善捐赠,形成财政资金、社会资本、慈善资金等多元结合的投入机制。

（三）完善政策保障

各级政府、各职能部门对照本规划,逐项研究任务,细化制定落地保障措施;对标先进城市经验做法,结合本地建设发展实际,不断完善规划、土地、金融、投资、人才、就业、医保、价格等一系列政策;发挥政策导向作用,进一步激活我市养老服务市场,引导各类服务主体积极拓展服务内容、提升服务质量、扩大养老服务供给水平,不断满足日益增长的多样化养老服务需求。

（四）优化发展环境

优化养老服务机构办事流程,加大服务力度,推进"马上办、网上办、就近办"。落实养老服务机构税费减免扶持政策。建立健全"一事一议"机制,因未办理不动产登记、土地规划等无法办理消防审批的,以及涉及其他改造手续办理、邻避民扰等问题的,采取"一事一议"方法予以解决。

（五）强化督导检查

市加快推进养老服务工作领导小组办公室会同各小组成员单位,建立规划实施动态监测机制,加强组织、协调和督导,及时调度并向领导小组报告工作进展。把规划实施情况纳入对各地区、各部门的考核,并建立大数据监管体系,防止政策落实不到位和政策滥用,对工作成效明显、取得成绩突出的地区,在资金、政策、项目等方面给予倾斜支持。

参考文献

［1］孙冰怡.我国社会养老服务体系发展与挑战［J］.法制与社会，2020（35）：113-114.

［2］孙一平，孟沙沙."互联网＋精准扶贫"视角下农村社会养老保障困境与发展［J］.农业经济，2020（12）：67-68.

［3］张昊.智慧养老视域下中国养老服务体系的优化路径研究［D］.长春：吉林大学，2020.

［4］Jain Briony, Cheong Edward, Bugeja Lyndal, Ibrahim Joseph. International Transferabilityof Research Evidencein Residential Long-term Care : AComparative Analysis of Aged Care Systemsin 7 Nations［J］. Journal of the American Medical Directors Association, 2019.

［5］李玮彤，王庆，杨敏，等.基于国家社会科学基金立项数据的养老服务研究分析［J］.护理研究，2020，34（21）：3870-3875.

［6］丘仲辉，顾传勇.社会治理视域下推动社会力量从事养老服务发展研究：以江苏省为例［J］.江苏省社会主义学院学报，2020，21（05）：25-33.

［7］梁国民.经济欠发达地区社会养老服务业人力资源有效供给问题研

究［J］.就业与保障，2020（20）：179-180.

［8］严志兰，李叔君.社会组织在社会养老服务递送中的作用解析：基于福建的田野调查和个案分析［J］.中共福建省委党校（福建行政学院）学报，2020（05）：132-141.

［9］盛见.当前我国养老服务业的发展困境及突破路径［J］.科学发展，2020（10）：106-113.

［10］孙录宝.基层社会组织参与养老服务面临的困境与对策［J］.中共青岛市委党校　青岛行政学院学报，2020（05）：83-86.

［11］何小伟，董晓龙.我国养老服务业财税支持政策探析［J］.中国保险，2020（10）：18-21.

［12］谢培熙.社会养老意外风险治理的社区路径：基于济南的实地调查［J］.常州大学学报（社会科学版），2020，21（05）：72-78.

［13］唐明丽，董明锡.吉林省社会养老服务资源共享机制研究［J］.科技经济导刊，2020，28（27）：72-73.

［14］宋群，杨坤，陈啸.我国养老服务产业政策的演进历程［J］.全球化，2020（05）：63-76，135-136.

［15］吴俊.衡阳市健康养老服务模式的构建及对策研究［J］.经济师，2020（09）：144-145.

［16］俞进.全面推进社区养老服务应对老龄化社会养老难题［J］.中国市场，2020（24）：125，150.

［17］刘妮娜.中国城市互助型社会养老：定位、模式与路径［J］.社会发展研究，2020，7（03）：173-192，245.

［18］余翠娥，王彦斌.立足社区的功能整合：欠发达地区农村养老服务的医养结合思路［J］.社会福利（理论版），2020（08）：32-36，47.

［19］张馨月.日本养老服务对我国社区智慧养老的启示：以连云港市为

例[J].知识文库,2020(16):179-180.

[20]林伟杰.试论社会养老保险、养老期望与生育意愿的互动关系[J].中共乐山市委党校学报(新论),2020,22(04):80-87.

[21]李佳,车田天.养老服务劳动力市场政策的国际经验及其对中国的启示[J].中国公共政策评论,2020,17(02):74-90.

[22]王继红.农村社会养老服务体系建设的三个着力点:以铜陵为例[J].中国市场,2020(21):23-24.

[23]董红亚.中国特色养老服务模式的运行框架及趋势前瞻[J].社会科学辑刊,2020(04):107-114.

[24]付晶.我国社会养老服务体系建设存在的问题及对策建议[J].中外企业家,2020(19):248.

[25]蒋媚.社会化养老服务体系中的政府角色研究[J].市场周刊,2020,33(07):185-186,190.

[26]潘兰婷.需求导向视角下苏州市政府购买居家养老服务的困境与对策[D].苏州:苏州大学,2020.

[27]游颖.苏州市居家养老服务模式分析及对策[D].苏州:苏州大学,2020.

[28]李海燕.Q市政府购买居家养老服务中第三方评估问题研究[D].沈阳:辽宁大学,2020.

[29]温勇.积极应对人口老龄化加快建设养老服务体系[J].人口与健康,2020(02):34-36.

[30]谭运启,刘旸.江苏德国养老服务体系建设比较研究[J].天津社会保险,2020(22):89-94.

[31]王宁,王春.探寻城市养老服务体系发展的新思路[J].黄冈职业技术学院学报,2014(04):8-9.

[32] 盛见.当前我国养老服务业发展的困境及突破路径 [J].科学发展，2010（10）：106-112.

[33] 田北海，王彩云.城乡老年人社会养老服务需求特征及其影响因素—基于对家庭养老替代机制的分析 [J].中国农村观察，2014（04）：2-17.

[34] 黄月眉、杨绍义.养老服务体系问题探讨：以舟山市为例 [J].农村社会保障，2020（31）：245-247.

[35] 侯向群.社会养老服务体系建设及其引致消费 [J].经济研究导刊，2020（16）：31-33，44.

[36] 李贝宁.南京市智慧社区居家养老服务发展现状及其对策分析 [J].市场周刊，2020（06）：187-190.

[37] 陈勃，林夏涟.资源整合和社会参与：宁波市鄞州区家院互融模式助推居家养老服务发展 [J].养生大世界，2020（06）：67-68.

[38] 杨金桂.青州市农村养老保障问题研究 [D].舟山：浙江海洋大学，2020.

[39] 单天龙.政府购买居家养老服务的法律问题研究 [D].长春：长春工业大学，2020.

[40] 朱震宇.社区治理视角下的养老服务供给：研究综述与展望 [J] 当代经济管理，2022，44（06）：12.

[41] 刘会丽，牛玉霞，赵桃敏.基于大数据的智慧养老服务模式研究 [J] 科技和产业，2022，22（03）：157-160.

[42] 朱岱霖，刘效壮.新时期居家养老服务标准现状与展望 [J].卫生职业教育，2022，40（06）：157-159.

[43] 刘宇婷.城市社区居家养老服务发展问题研究：以河北省为例 [J].商业观察，2022（08）：52-54.

[44] 周先旺.以养老服务高质量发展满足人民养老需求 [J] 人民论坛，

2022（05）.

[45] 许诺.城市社区居家养老服务资源整合的路径研究 [J].河北广播电视大学学报，2022，27（01）.

[46] 单海峰，王广成，杨宝顺，等.新冠疫情背景下我国智慧养老服务的供需匹配分析 [J].沈阳医学院学报，2022，45（01）.

[47] 朱浩.乡村振兴战略背景下农村养老服务模式创新的动力要素及其实现路径 [J].中国农业大学学报（社会科学版），2022，39（01）.

[48] 张冬云.让老年人养老更有尊严:安徽省养老服务发展实践探索 [J].中国社会工作，2022（05）:24-25.

[49] 付晶，侯华.加强社会养老服务体系建设的重大意义 [J].中外企业家，2020（10）:234-235.

[50] 赵理文.嵌入型居家养老:中国特色养老模式研究 [J].哈尔滨市委党校学报，2020（02）:24-29.

[51] Kemper PCMurtaugh : Lifetime Useof Nursing Home Care, The New England Journalof Merlirine1991（91）.

[52] Juliet Butler.Palliativecareinresidentialagedcare:Anoverview [J]. Australasian Journalon Ageing.2017, 36（4）:258-261.

[53] 王琼，王敏，黄显官.我国养老服务配套改革实践与创新 [M].成都:西南交通大学出版社，2016:52-77.

[54] 高姗.政府购买居家养老服务问题研究 [D].北京:首都经济贸易大学，2016.

[55] 杨晓.陕西多元化养老服务体系建设研究 [D].西安:西安建筑科技大学，2017.

[56] 董玉清.开封市城市社会养老服务体系建设问题研究 [D].郑州:河南大学，2020.